사랑해요
한국어

I Love Korean

서울대학교 언어교육원

Student's
Book

서울대학교출판문화원

머리말
Preface

〈사랑해요 한국어 1〉은 성인 한국어 학습자를 위한 단기 과정용(약 60시간) 교재 시리즈 중 제1권이다. 이 책은 한국어에 대한 지식이 전혀 없는 성인 학습자들이 한글과 한국어 발음을 익히고 매우 친숙한 일상적 주제와 기능에 대한 언어 구성 능력과 사용 능력을 익혀 기초적인 한국어 의사소통 능력을 기르도록 하는 데 목적이 있다.

이 책은 다음과 같은 특징이 있다.

첫째, 국제 통용 한국어 표준 교육과정을 기반으로 하여 교수요목을 설정하였으며 최근의 사회 문화적 변화를 반영하였다.

둘째, 주제 및 기능 중심적 교수요목을 바탕으로 일상생활에서 사용하는 실제적인 문제 해결 상황 과제를 담아 수업 내용이 실생활로 전이될 수 있도록 하였다.

셋째, 한 단원을 두 과로 구성하여 한 가지 주제에 대해서 다양한 기능을 충분히 심화 연습할 수 있도록 설계하였다. 한 과는 3시간에서 4시간용으로 구성하였다.

넷째, 각 과에 도입 단계로서 주제 어휘를 상황 그림과 함께 제시하여 체계적이고 효과적인 어휘 학습이 이루어질 수 있도록 하였다. 이를 통해 학습자는 배울 내용을 유추하고 학습을 준비할 수 있다.

다섯째, 문법 학습이 언어 지식을 쌓는 것에 그치지 않고 해당 문법의 기능을 익히고 활용하게 할 수 있도록 하기 위해 유의미한 연습을 충분히 제공하였다.

여섯째, 말하기, 듣기, 읽기, 쓰기의 네 가지 언어 기능을 고루 향상시킬 수 있도록 기능별 연습을 제시하였고, 초급에서부터 구어와 문어의 학습이 긴밀하게 연계될 수 있도록 기능 통합형 연습도 구성하였다.

일곱째, 교재에 제시되는 모든 지시문과 새 단어, 본문 등을 영어로 번역하여 제시함으로써 해당 언어권 학습자가 쉽게 이해할 수 있도록 하였다. 또한 문법에 대한 자세한 설명을 한국어와 영어로 병기함으로써 학습자뿐만 아니라 한국어를 가르치는 교사들에게도 도움이 될 수 있도록 하였다.

이 책이 완성되기까지 많은 분들의 노력과 수고가 있었다. 먼저 오랜 기간에 걸쳐 집필 및 출판 과정에 참여한 교재개발위원회 선생님들의 노고와 헌신에 감사드린다. 아울러 책이 출판되기까지 꼼꼼하게 출판 작업을 도와주신 서울대학교출판문화원 관계자 여러분께도 고마운 마음을 전한다.

2019. 1.
서울대학교 언어교육원

<I Love Korean 1> is the first of a series of short-term (about 60 hours) textbooks for Korean adult learners. The primary goal of this book is to develop basic Korean communication skills for adult learners who have no knowledge of Korean language. Learners will reach this goal by learning the Korean alphabet and pronunciation and acquiring abilities to compose and use language that applies to everyday topics and functions.

This book has the following characteristics.

First, the curriculum is based on the model of the International Standard Curriculum of Korean Language and reflects recent social and cultural changes.

Second, based on topic and function-oriented teaching objectives, the classes were designed to mirror real life with practical problem-solving tasks used in everyday life.

Third, each unit is comprised of two lessons so that various functions can be practiced thoroughly enough on one topic. Each lesson is designed for a 3 to 4 hour class.

Fourth, as the introduction phase for each lesson, the topic vocabulary is presented with a picture of the situation so that systematic and effective vocabulary learning can be achieved. This allows learners to infer what they are going to learn and to prepare for it.

Fifth, sufficient meaningful practice is provided to enable grammar learning not only to accumulate language knowledge, but also to learn and utilize the function of the grammar.

Sixth, functional exercises are provided to improve the four language skills: speaking, listening, reading and writing. Skill-integrated exercises are also organized to closely link spoken and written language learning from the beginning.

Seventh, all instructions, new vocabulary, and texts presented in the textbook were translated into English so English-fluent learners can understand them easily. In addition, a detailed explanation of the grammar is provided in both Korean and English so that it can be helpful for teachers who teach Korean as well as learners.

There was a lot of hard work and effort that went into completing this series. First of all, we would like to thank all of the teachers who have participated in the writing and publishing process for all of their hard work. In addition, we would like to express our sincere gratitude to the staff of the Seoul National University Publishing Council who went to great lengths to help publish this series of textbooks.

2019. 1.

Language Education Institute, Seoul National University

〈사랑해요 한국어 1〉은 한국어에 대한 지식이 전혀 없는 학습자를 위한 교재이다. 총 9단원(18개 과)으로 구성되어 있는데, 1~2단원에서는 한글의 자음과 모음, 인사말 등을 익히고, 본격적인 한국어 학습은 3~9단원에서 이루어진다. 각 단원은 하나의 주제를 중심으로 두 개의 하위 과로 나뉘어 있으며, 한 과는 3~4시간 수업용이다. 기본적으로 한 과는 어휘와 핵심 표현 그리고 이를 활용한 말하기, 듣기, 과제로 구성되어 있다. 그리고 한 단원의 마지막에 읽고 쓰기 활동과 어휘 확인 목록이 제시된다.

〈I Love Korean 1〉 is a textbook for learners who have no knowledge of Korean. 〈I Love Korean 1〉 consists of units 1~2 to learn consonants, vowels, and greetings and units 3~9 for full-scale Korean language learning. There are 9 units (18 lessons) total. The main topic is divided into two sub-sections. Each lesson is a 3~4 hour class. In the case of units 3~9, the lessons are comprised of topic related vocabulary and key expressions, speaking and listening activities, and tasks. At the end of each lesson, reading and writing activities, and a vocabulary checklist are presented.

한 단원과 과별 구성은 아래와 같다.
A unit and its composition are as follows.

단원 Unit	
1과 Lesson 1	2과 Lesson 2
어휘 Vocabulary 핵심 표현 1, 2 Key Expression 1, 2 말하기 Speaking 듣기 Listening 과제 Tasks and Activities	어휘 Vocabulary 핵심 표현 1, 2 Key Expression 1, 2 말하기 Speaking 듣기 Listening 과제 Tasks and Activities
읽고 쓰기 Reading and Writing	
어휘 확인 Vocabulary Check	

어휘 Vocabulary

- 그림을 통해 어휘의 의미를 익힐 수 있도록 주제와 관련된 상황을 삽화로 제시한다.
  Illustrations depict situations related to the topic so in order to learn the meaning of the vocabulary.

핵심 표현 Key Expression

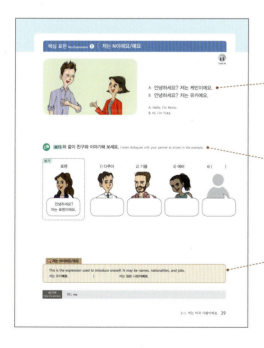

- 목표 문법과 표현이 사용되는 전형적인 대화를 삽화와 함께 제시한다.
  Presents a typical dialogue in which target grammar and expressions are used with illustrations.

- 핵심 표현을 사용하여 발화할 수 있는 유의미한 연습 기회를 제공한다.
  Provides meaningful practice opportunities using key expressions.

- 핵심 표현의 문법적 정보를 간략하게 설명하고 의미 이해를 돕고 형태 변화를 알 수 있도록 예문을 제시한다.
  Briefly explains the grammatical information of key expressions. Examples are also provided to help understand meaning and to understand form changes.

말하기 Speaking

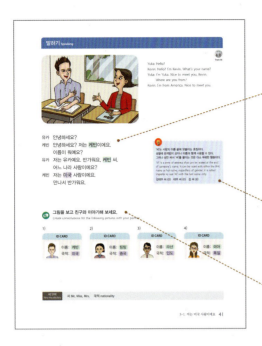

주제 어휘와 핵심 표현을 포함한 대화문을 통해 실제적인 맥락 속에서 의사소통 기능을 학습하도록 한다. 대화 상황을 보여주는 삽화가 함께 제시된다.
Teaches communication skills in a practical context through dialogues, including topic related vocabulary and key expressions. An illustration showing the situation of the conversation is presented together.

학습 내용과 관련해서 유용한 지식을 추가적으로 제공한다.
Provides additional useful knowledge about the learning content.

어휘와 표현을 교체하여 대화문을 익히고 연습해 보도록 한다.
Replaces vocabulary and expressions to learn and practice dialogues.

듣기 Listening

해당 과의 주제와 관련된 실제적인 듣기 연습으로, 들은 내용에 대한 이해 확인 문제와 함께 제시된다.
Practical listening exercises related to the topic of the lesson are presented along with comprehension questions about the contents.

과제 Tasks and Activities

- 3단계의 문제 해결형 과제로 구성된다. 학습자 간에 활발한 상호 작용을 할 수 있는 다양한 유형의 활동을 제시하여 언어 사용의 유창성을 높이도록 한다.
Consists of three-step problem-solving tasks. Presents various types of activities that are used to promote active interaction between learners to enhance fluency in language use.

읽고 쓰기 Reading and Writing

- 학습자의 수준에 맞는 실제적이고 다양한 유형의 글을 읽은 내용에 대한 확인 문제와 함께 제시한다.
Presents practical and diverse types of writings that are appropriate for the level of the learners, along with comprehension questions about what was read.

- 읽기 후 활동으로 읽은 텍스트와 유사한 종류의 글을 써 보도록 한다.
Provides writing activities that are similar to the text that was read.

어휘 확인 Vocabulary Check

- 주제 어휘를 번역과 함께 제시한다.
  Presents topic related vocabulary with translation.

부록 Appendix

- 연습이나 과제 활동에 필요한 활동지를 제공한다.
  Provides activity sheets or cards necessary for practice or task-based activities.

- 각 과의 핵심 표현에서 배운 문법에 대한 자세한 해설을 제공한다.
  Provides a detailed description of the grammar learned in the key expressions in each lesson.

- 각 과의 듣기 지문을 제공한다.
  Provides transcripts for listening exercises.

- 교재에 나오는 모든 어휘를 출현한 페이지와 함께 제시한다.
  Presents all of the vocabulary in the textbook along with corresponding pages where they appeared.

차례
Contents

	단원 Unit		학습 내용 Learning Contents		
1 **한글 I** Hangeul I	**1과** 한글 배우기 (1) Learning Hangeul (1)	한글 소개 Introduction to Hangeul	모음 글자 1 Vowels 1	자음 글자 1 Consonants 1	
	2과 한글 배우기 (2) Learning Hangeul (2)	모음 글자 2 Vowels 2	자음 글자 2 Consonants 2		
2 **한글 II** Hangeul II	**1과** 한글 배우기 (3) Learning Hangeul (3)	모음 글자 3 Vowels 3	받침 Ending Consonants		
	2과 교실 한국어와 인사 Classroom Korean and Greetings	교실 한국어 Classroom Korean	1-10 Numbers 1-10	인사말 Greetings	

	단원 Unit		어휘 Vocabulary	핵심 표현 Key Expression	말하기 Speaking
3 **소개** Introductions	**1과** 저는 미국 사람이에요 I'm American		나라 Country 국적 Nationality	• 저는 N이에요/예요 • N이에요/예요?	자기소개 하기 Self-Introduction
	2과 팅팅 씨는 학생이에요? Tingting, are you a student?		직업 Job	• N은/는 • N이/가 아니에요	개인 정보 묻고 답하기 Asking and answering personal questions
4 **물건** Items and Objects	**1과** 이거는 뭐예요? What is this?		물건 1 Items and Objects 1	• 이거/그거/저거 • N(의) N	물건의 이름과 소유주 묻고 답하기 Asking and answering the name of an item and its owner
	2과 휴지가 있어요? Do you have any tissues?		물건 2 Items and Objects 2	• 이/그/저 N • N이/가 있어요/없어요	소유 여부에 대해 이야기하기 Talking about ownership
5 **음식과 주문** Food and Ordering	**1과** 오렌지 주스 주세요 Please give me some orange juice		음료 Beverages	• V-(으)세요 • 수 1 (하나, 둘, 셋, 넷, …)	음료 주문하기 Ordering beverages
	2과 비빔밥하고 콜라 한 병 주세요 Please give me bibimbap and a bottle of cola		음식 Food	• N 개/병/잔/그릇 • N하고 N	음식 주문하기 Ordering food

Abbreviations in this book

N noun
V verb
A adjective

투이
베트남, 가이드

이지우
한국, 회사원

양양
중국, 회사원

케빈
미국, 선생님

김민준
한국, 대학생

로렌
영국, 기자

1 한글 I
Hangeul I

1과 한글 배우기 (1)
Learning Hangeul (1)

- 한글 소개 Introduction to Hangeul
- 모음 글자 배우기 (1) Learning vowels (1)
- 자음 글자 배우기 (1) Learning consonants (1)

한글 소개 Introduction to Hangeul

한국어는 기원전부터 만주와 한반도에 거주하던 민족이 사용해 온 언어이다. 조선 초기까지는 '한국어'를 표기할 수 있는 고유 문자가 없어 중국의 글자인 한자를 빌려 표기하였다. 그러나 한자로 한국어의 말소리를 바르게 표기하는 것이 어려웠을 뿐만 아니라, 일반 백성들은 복잡한 한자를 익히기 힘들었기 때문에 생활에 불편을 겪는 일이 많았다.

조선의 4대 왕인 세종대왕은 이러한 문제를 해결하기 위해 집현전 학자들과 함께 세계의 문자와 음운 체계에 대한 연구를 거듭하여 1443년(세종 25년) 12월에 '훈민정음' 28자를 창제하였다. '훈민정음'이란 '백성을 가르치는 바른 소리'라는 뜻이다. 그리고 1446년(세종 28년) 9월에 훈민정음을 반포하여 많은 사람들이 배우고 쓸 수 있게 하였다. 현재 사용하고 있는 '한글'이라는 이름은 '큰 글', '세상에서 첫째가는 글'이라는 뜻이다.

'한글'은 소리와 글자가 긴밀한 관계를 가지고 있고, 적은 수의 자모로 매우 다양한 소리를 표기할 수 있다. 또한 발음 기관의 모양을 본떠 글자를 만들고, 획을 더해 동일한 계통의 글자를 파생시키는 등 제자 원리가 과학적이어서 독창적이고 우수한 문자로 평가받고 있다.

Korean is a language that has been spoken by people living in Manchuria and the Korean peninsula ever since late BC. Until the beginning of the Joseon Dynasty, there were no distinct characters that could represent 'Korean'; thus, Chinese characters were utilized as the written form of Korean. However, not only was it difficult to correctly express Korean using Chinese characters, but commoners also experienced hardships in everyday life because of the challenge of learning complex Chinese characters.

In order to solve these problems, King Sejong of the Joseon Dynasty, along with assistance from respected scholars, repeatedly studied characters and phonological systems from around the world and ultimately invented a 28 letter alphabet called 'Hun-min-jeong-eum' in December of 1446 (the 25th year of King Sejong's reign). 'Hun-min-jeong-eum' means 'the correct sounds to teach the people'. In September of 1446 (the 28th year of King Sejong's reign), Hun-min-jeong-eum was proclaimed so that people could easily learn and write. Currently the alphabet is called 'Hangeul', which means 'big writing' or 'first writing in the world.'

'Hangeul' has a close relationship between sounds and letters and a wide range of sounds can be expressed with just a small number of characters. Also, Hangeul has been recognized as a unique and superior writing system because of it's scientific principles, for example, the basic consonants are based on the shapes of the speech organs and additional strokes or duplication of symbols represent variations of basic consonant sounds, etc.

세종대왕

1. 모음 글자와 자음 글자 Vowels and Consonants

'훈민정음'은 창제 당시 자음 17자, 모음 11자로 모두 28자였다. 그러나 이후 글자 4개(ㆁ, ㆆ, ㅿ, ㆍ)가 소실되고 현재는 나머지 24자를 조합하여 총 40개의 글자를 사용하고 있다. 이 중 자음은 19개이고, 모음은 21개이다.

At the time of its creation, 'Hun-min-jeong-eum' consisted of 17 consonants and 11 vowels totaling 28 characters in all, but four characters (ㆁ, ㆆ, ㅿ, ㆍ) have disappeared leaving only 24 characters. Some of the 24 characters have been consolidated by either duplicating consonants or combining vowels and ultimately, 19 consonants and 21 vowels, totaling 40 characters, are in use today.

● 자음 글자 Consonants

ㄱ	ㄴ	ㄷ	ㄹ	ㅁ	ㅂ	ㅅ	ㅇ	ㅈ	ㅎ
ㅋ		ㅌ			ㅍ			ㅊ	
ㄲ		ㄸ			ㅃ	ㅆ		ㅉ	

● 모음 글자 Vowels

ㅏ	ㅓ	ㅗ	ㅜ	ㅡ	ㅣ	ㅐ	ㅔ	ㅚ	ㅟ
ㅑ	ㅕ	ㅛ	ㅠ			ㅒ	ㅖ		
ㅘ	ㅝ					ㅙ	ㅞ		
				ㅢ					

1) 모음 글자 Vowels

① 기본 모음 글자 Basic characters of vowels

모든 것의 근원이 되는 '하늘, 땅, 사람'의 모양을 본떠 모음의 기본 글자 'ㆍ, ㅡ, ㅣ'를 만들었다. 'ㆍ'는 둥근 하늘을, 'ㅡ'는 평평한 땅을, 'ㅣ'는 서 있는 사람의 모습을 본뜬 것이다.

The origin of the characters, 'ㆍ, ㅡ, ㅣ', of all vowels are derived from the shapes of the sky, earth, and human. 'ㆍ' represents a round sky, 'ㅡ' represents a level earth, and 'ㅣ' represents a person standing upright.

ㆍ 하늘 Sky

ㅣ 사람 Human

ㅡ 땅 Earth

② 모음 글자의 제자 원리 The principles of vowels

기본 글자 'ㆍ, ㅡ, ㅣ'를 서로 조합하여 다른 모음 글자들을 만들었다.

The individual basic characters 'ㆍ, ㅡ, ㅣ' can be combined to form different vowels.

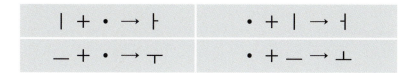

ㅣ + ㆍ → ㅏ	ㆍ + ㅣ → ㅓ
ㅡ + ㆍ → ㅜ	ㆍ + ㅡ → ㅗ

2) 자음 글자 Consonants

① 기본 자음 글자 Basic characters of consonants

발음 시 조음 기관(입술, 혀, 목구멍 등)의 모양을 본떠 자음의 기본 글자 'ㄱ, ㄴ, ㅁ, ㅅ, ㅇ'을 만들었다.

The basic consonant characters 'ㄱ, ㄴ, ㅁ, ㅅ, and ㅇ' were formed by imitating the shape of speech organs such as lip, tongue, and throat when making sounds.

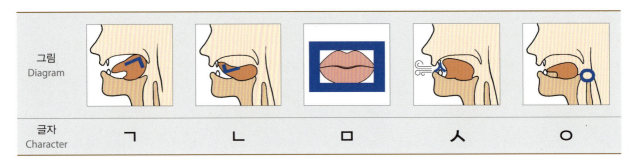

② 자음 글자의 제자 원리 The principles of consonants

'ㄱ, ㄴ, ㅁ, ㅅ, ㅇ' 다섯 자에 획을 더해 소리가 다른 자음들을 만들었다.

Strokes were added to five consonants, 'ㄱ, ㄴ, ㅁ, ㅅ, ㅇ', to create different consonants.

ㄱ → ㅋ   ㄴ → ㄷ → ㅌ

'ㄲ, ㄸ, ㅃ, ㅆ, ㅉ'은 'ㄱ, ㄷ, ㅂ, ㅅ, ㅈ'을 나란히 써서 만든 것이다.

'ㄲ, ㄸ, ㅃ, ㅆ, ㅉ' were formed by duplicating 'ㄱ, ㄷ, ㅂ, ㅅ, ㅈ' side by side.

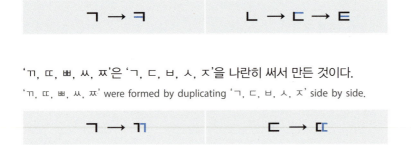

2. 한글의 특징 Characteristics of Hangeul

1) 한국어에서 자주 나타나는 음절 구조는 다음과 같다. Korean has the following four syllable structures.

① V (모음 vowel)

② CV (자음 + 모음 consonant + vowel)

③ VC (모음 + 자음 vowel + consonant)

④ CVC (자음 + 모음 + 자음 consonant + vowel + consonant)

2) 한국어를 한글로 표기할 때는 아래와 같이 음절 단위로 모아 쓴다.

When Korean is written in Hangeul, it is written in syllable units as follows.

① **한글은 자음 글자와 모음 글자를 병렬식으로 표기하지 않고 네모꼴 형태로 모아 써야 한다.**

Hangeul consonants and vowels are not written in a string of consecutive characters, but instead are combined to form a square.

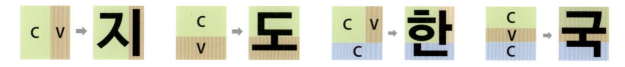

② **모음으로 시작되는 음절의 경우 자음 글자 자리에 'ㅇ'을 써야 하며, 이때 'ㅇ'은 음가 없이 자리를 채우는 역할만 한다.**

Hangeul syllables must consist of at least one consonant and one vowel. Syllables must begin with a consonant aside from one exception, 'ㅇ'. A syllable that begins with 'ㅇ' serves only as a filler in place of a consonant but does not have a sound.

③ **한글의 모음 글자는 수직 모양의 모음 글자(ㅏ, ㅑ, ㅓ, ㅕ, ㅣ, ㅐ, …)와 수평 모양의 모음 글자(ㅗ, ㅛ, ㅜ, ㅠ, ㅡ, …)가 있다. 모음 글자가 수직 모양일 때는 자음 글자를 모음 글자의 왼쪽에 써야 하고, 모음 글자가 수평 모양일 때는 자음 글자를 모음 글자 위쪽에 써야 한다.**

Hangeul vowels have both vertical (ㅏ, ㅑ, ㅓ, ㅕ, ㅣ, ㅐ, …) and horizontal (ㅗ, ㅛ, ㅜ, ㅠ, ㅡ, …) shapes. Consonants are written to the left of vertically shaped vowels, and horizontally shaped vowels are written beneath consonants.

④ **음절이 자음으로 끝나는 경우 그 자음 글자를 모음 글자의 아래쪽에 쓰며, 그 글자를 받침이라고 한다.**

If the syllable ends with a consonant, the consonant is written below the vowel, and it is called "Batchim".

모음 글자 1 Vowels 1

글자 letter	ㅏ	ㅓ	ㅗ	ㅜ	ㅡ	ㅣ
음가 phonetic symbol	[a]	[ə]	[o]	[u]	[ɨ]	[i]
쓰는 순서 writing order	ㅏ① ②→	←① ㅓ②	ㅗ① ②→	→① ㅜ②	ㅡ①	ㅣ①

Track 01

연습 1 다음을 듣고 따라해 보세요. Listen and repeat the following.

아 어 오 우 으 이

연습 2 읽고 써 보세요. Read and write the following.

아	어	오	우	으	이

Track 02

연습 3 다음을 듣고 알맞은 글자를 찾으세요. Listen to the following and choose the correct syllable.

1) ① 아 ② 어   2) ① 오 ② 우   3) ① 어 ② 오   4) ① 으 ② 이

Track 03

연습 4 다음을 듣고 따라서 읽으세요. Listen to the following and read along.

5	2			
오	이	아이	오이	아우

정답 | 연습 3 1) ① 2) ② 3) ① 4) ②

자음 글자 1 Consonants 1

글자 letter	ㄱ	ㄴ	ㄷ	ㄹ	ㅁ	ㅂ	ㅅ	ㅇ	ㅈ	ㅎ
음가 phonetic symbol	[k/g]	[n]	[t/d]	[r/l]	[m]	[p/b]	[s]	[ø]	[ʧ/j]	[h]
쓰는 순서 writing order	ㄱ	ㄴ	ㄷ	ㄹ	ㅁ	ㅂ	ㅅ	ㅇ	ㅈ	ㅎ

연습 1 다음을 듣고 따라해 보세요. Listen and repeat the following.

Track 04

가 나 다 라 마 바 사 아 자 하

연습 2 읽고 써 보세요. Read and write the following.

가	나	다	라	마	바	사	아	자	하

연습 3 다음을 듣고 알맞은 글자를 찾으세요. Listen to the following and choose the correct syllable.

Track 05

1) ① 나 ② 라   2) ① 가 ② 다   3) ① 마 ② 바   4) ① 사 ② 자

연습 4 다음을 듣고 따라서 읽으세요. Listen to the following and read along.

Track 06

모자	나비	구두	나무	허리
가수	바나나	라디오	아버지	어머니

연습 1 다음을 듣고 알맞은 단어를 찾으세요.

Listen to the following and choose the correct word.

Track 07

1) ① 오   ② 어

2) ① 이   ② 히

3) ① 오이 ② 아이

4) ① 아우 ② 어이

5) ① 부모 ② 보모

6) ① 나무 ② 너무

연습 2 잘 듣고 쓰세요.

Listen and complete the words.

Track 08

1) 구 [ ]

2) [ ] 수

3) [ ] 리

4) 아 [ ] 지

5) [ ] 머 [ ]

6) [ ] 디 [ ]

Track 09

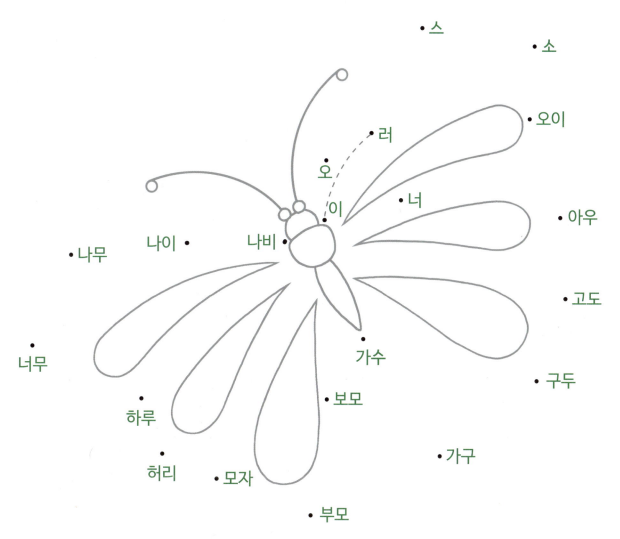

• 스

• 소

• 오이

러

오

• 너

이

• 아우

나이 •

• 나무   나비 •

• 고도

가수

• 구두

너무
•

보모
•

하루

가구
•

허리   모자

• 부모

1 한글 I
Hangeul I

2과 한글 배우기 (2)
Learning Hangeul (2)

- 모음 글자 배우기 (2) Learning vowels (2)
- 자음 글자 배우기 (2) Learning consonants (2)

모음 글자 2 Vowels 2

글자 letter	ㅑ	ㅕ	ㅛ	ㅠ	ㅐ	ㅒ	ㅔ	ㅖ
음가 phonetic symbol	[ya]	[yə]	[yo]	[yu]	[ɛ]	[yɛ]	[e]	[ye]
쓰는 순서 writing order	ㅑ	ㅕ	ㅛ	ㅠ	ㅐ	ㅒ	ㅔ	ㅖ

연습 1 다음을 듣고 따라해 보세요. Listen and repeat the following. Track 10

야 여 요 유 애 얘 에 예

연습 2 읽고 써 보세요. Read and write the following.

야	여	요	유	애	얘	에	예

연습 3 다음을 듣고 알맞은 글자를 찾으세요. Listen to the following and choose the correct syllable. Track 11

1) ① 야　② 여　　　2) ① 요　② 유　　　3) ① 여　② 요　　　4) ① 애　② 예

연습 4 다음을 듣고 따라서 읽으세요. Listen to the following and read along. Track 12

야구	휴지	요가	우유	여자
해	얘기	세수	시계	개구리

정답 | 연습 3 1) ① 2) ② 3) ① 4) ②

자음 글자 2 Consonants 2

글자 letter	ㅋ	ㅌ	ㅍ	ㅊ	ㄲ	ㄸ	ㅃ	ㅆ	ㅉ
음가 phonetic symbol	$[k^h]$	$[t^h]$	$[p^h]$	$[tʃ^h]$	$[k']$	$[t']$	$[p']$	$[s']$	$[tʃ']$
쓰는 순서 writing order	ㅋ	ㅌ	ㅍ	ㅊ	ㄲ	ㄸ	ㅃ	ㅆ	ㅉ

연습 1 다음을 듣고 따라해 보세요. Listen and repeat the following.   Track 13

카　타　파　차　까　따　빠　싸　짜

연습 2 읽고 써 보세요. Read and write the following.

카	타	파	차	까	따	빠	싸	짜

연습 3 다음을 듣고 알맞은 글자를 찾으세요. Listen to the following and choose the correct syllable.   Track 14

1) ① 카　② 까　　2) ① 따　② 타　　3) ① 빠　② 파　　4) ① 차　② 짜

연습 4 다음을 듣고 따라서 읽으세요. Listen to the following and read along.   Track 15

코	차	파리	기타	카메라
치즈	커피	토끼	피아노	토마토
찌개	오빠	허리띠	코끼리	쓰레기

연습 1 잘 듣고 맞으면 ○, 틀리면 ×표 하세요. Listen and write ○ for correct, and × for incorrect.
Track 16

1) 요   2) 세   3) 코   4) 짜   5) 티   6) 뼈

(   )   (   )   (   )   (   )   (   )   (   )

연습 2 잘 듣고 맞는 것을 고르세요. Listen and choose the correct word.
Track 17

1) ① 요리   ② 오리

2) ① 거미   ② 개미

3) ① 보도   ② 포도

4) ① 카드   ② 카트

5) ① 부리   ② 뿌리

6) ① 고리   ② 꼬리

7) ① 타다   ② 따다

8) ① 차다   ② 짜다

연습 3 잘 듣고 쓰세요. Listen and complete the words.
Track 18

1) [   ] [자]

2) [   ] [구] [   ]

3) [토] [   ]

4) [기] [   ] [   ]

5) [   ] [개]

6) [   ] [   ] [리]

정답 | 연습 1 1) ○ 2) × 3) ○ 4) × 5) ○ 6) ○ 연습 2 1) ① 2) ② 3) ② 4) ② 5) ① 6) ② 7) ① 8) ②
연습 3 1) 여 2) 개, 리 3) 끼 4) 차 5) 표 6) 께

친구의 말을 잘 듣고 가게 이름을 써 보세요.
Listen carefully and write the name of the store that your partner says.

학생 B
➡ p. 138

학생 A

1. 로마 피자

2. 나무 커피

3. 코끼리 슈퍼

4. ☐ ☐ ☐ ☐

5. ☐ ☐ ☐ ☐ ☐ ☐

6. ☐ ☐ & ☐ ☐ ☐

2 한글 II
Hangeul II

1과 한글 배우기 (3)
Learning Hangeul (3)

- 모음 글자 배우기 (3) Learning vowels (3)
- 받침 배우기 Learning ending consonants

모음 글자 3 Vowels 3

글자 letter	ㅘ	ㅝ	ㅙ	ㅞ	ㅚ	ㅟ	ㅢ
음가 phonetic symbol	[wa]	[wə]	[wɛ]	[we]	[ö/we]	[ü/wi]	[ɰi]
쓰는 순서 writing order	ㅘ	ㅝ	ㅙ	ㅞ	ㅚ	ㅟ	ㅢ

연습 1 다음을 듣고 따라해 보세요. Listen and repeat the following.   Track 19

와 워 왜 웨 외 위 의

연습 2 읽고 써 보세요. Read and write the following.

와	워	왜	웨	외	위	의

연습 3 다음을 듣고 알맞은 글자를 찾으세요. Listen to the following and choose the correct syllable.   Track 20

1) ① 와 ② 왜   2) ① 의 ② 외   3) ① 워 ② 위   4) ① 위 ② 웨

연습 4 다음을 듣고 따라서 읽으세요. Listen to the following and read along.   Track 21

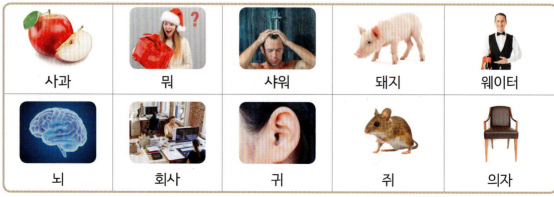

사과	뭐	샤워	돼지	웨이터
뇌	회사	귀	쥐	의자

정답 | 연습 3 1) ① 2) ② 3) ① 4) ②

글자 letter	ㄱ,ㅋ,ㄲ	ㄴ	ㄷ,ㅌ,ㅅ,ㅆ, ㅈ,ㅊ,ㅎ	ㄹ	ㅁ	ㅂ,ㅍ	ㅇ
음가 phonetic symbol	[k˥]	[n]	[t˥]	[l]	[m]	[p˥]	[ŋ]
예시 example	악, 앜, 앆	안	앋, 앝, 앗, 았, 앚, 앛, 앟	알	암	압, 앞	앙

연습 1 다음을 듣고 따라해 보세요. Listen and repeat the following.
Track 22

악 안 앋 알 암 압 앙

연습 2 읽고 써 보세요. Read and write the following.

악	안	앋	알	암	압	앙

연습 3 다음을 듣고 알맞은 글자를 찾으세요. Listen to the following and choose the correct syllable.
Track 23

1) ① 악 ② 암   2) ① 앞 ② 알   3) ① 앞 ② 안   4) ① 앙 ② 악

연습 4 다음을 듣고 따라서 읽으세요. Listen to the following and read along.
Track 24

[ㄱ]	책	미국	부엌	낚시
[ㄴ]	눈	돈	신문	레몬

정답 | 연습 3 1) ② 2) ① 3) ① 4) ②

[ㄷ]	빗	옷	낮	꽃
	밑	히읗	숟가락	젓가락
[ㄹ]	물	발	연필	딸기
[ㅁ]	곰	삼	사람	컴퓨터
[ㅂ]	집	잎	지갑	무릎
[ㅇ]	공	빵	가방	냉장고

연습 1 잘 듣고 맞으면 ○, 틀리면 ×표 하세요. Listen and write ○ for correct, and × for incorrect.
Track 25

1) 와   2) 의   3) 왜   4) 위   5) 외

(   )   (   )   (   )   (   )   (   )

연습 2 잘 듣고 맞는 것을 고르세요. Listen and choose the correct word.
Track 26

1) ① 방   ② 밖   2) ① 술   ② 숲   3) ① 곧   ② 공

4) ① 시작   ② 시장   5) ① 얼마   ② 엄마   6) ① 사랑   ② 사람

연습 3 잘 듣고 쓰세요. Listen and complete the words.
Track 27

1)

2)

3)

4)

| 신 | |

5)

| | 치 |

6)

| 한 | |

친구와 같이 서울 지하철역 이름을 알아보세요.
Read and find out the names of stations on Seoul subway with a friend.

1. 한 사람은 아래에 있는 역 이름을 읽으세요.
   One person read aloud the names of the subway stations below.

2. 다른 사람은 잘 듣고 그 역을 노선도에서 찾으세요.
   The other person will listen and try to find the station on the map.

서울 지하철

시청   동대문   용산

신촌   강남   서울대입구   잠실

고속터미널   안국   신사   경복궁

사당   명동   혜화

광화문   여의도   김포공항

이태원   서울숲   가락시장

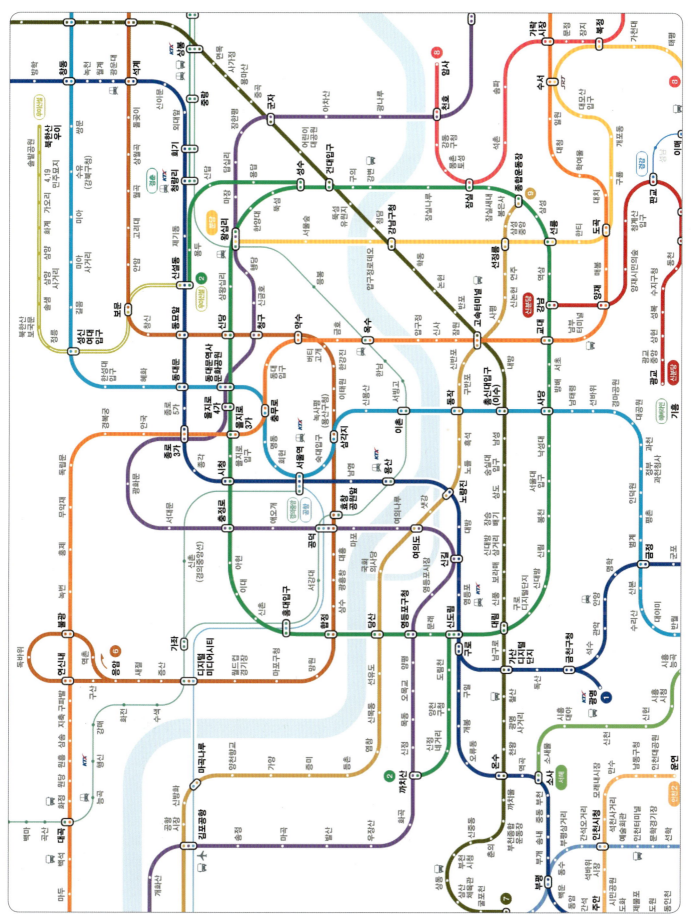

2 한글 Ⅱ
Hangeul Ⅱ

2과 교실 한국어와 인사
Classroom Korean and Greetings

- 교실 한국어 배우기
  Learning Classroom Korean
- 인사말 배우기 Learning Greetings

교실 한국어 Classroom Korean

Track 28

보세요.
Please look.

읽으세요.
Please read.

들으세요.
Please listen.

쓰세요.
Please write.

앉으세요.
Please sit (down).

이야기하세요.
Please talk.

따라하세요.
Please repeat after.

쉬세요.
Please rest.

좋아요.
(It is) Good.

알아요.
I know.

몰라요.
I don't know.

Track 29

1	2	3	4	5	6	7	8	9	10
일	이	삼	사	오	육	칠	팔	구	십

1과 소개 = **일** 과

연습 2 = 연습 **이**

5 ▲ = **오** 층

BUS 8 = **팔** 번 버스

02-880-5181 = **공이 팔팔공 오일팔일**

간판의 글자와 숫자를 한국어로 읽어 보세요.
Read the following signs in Korean.

아름다운 세탁소
T. 02-1899-4568

5 1장 오락실
4 엄마랑 아가랑
3 헤어스케치
2 우리서점
1 서울갈비

0 = 영/공
전화번호를 말할 때는 보통 '공'을 사용한다.
When talking about phone numbers, '공' is more commonly used.

1. 만났을 때 When meeting someone

Track 30

안녕하세요?
누군가를 만났을 때 하는 가장 일반적인 인사로,
때와 관계없이 아침, 낮, 저녁 언제든지 사용 가능하다.
It is the most basic form of greeting and is used during any
time of the day whether it is morning, afternoon, or evening.

만나서 반가워요.
누군가를 처음 만났을 때 하는 인사이다. '반가워요'만
말해도 된다.
It is a greeting used when meeting someone for the first time.
It is acceptable to only say '반가워요'.

2. 헤어질 때 When saying goodbye

Track 31

안녕히 가세요./안녕히 계세요.
헤어질 때 사용하는 인사로 그 장소를 떠나는 사람에게는 '안녕히 가세요'라고 인사하고, 그 장소에 남는 사람에게는
'안녕히 계세요'라고 인사한다.
'안녕히 가세요' is spoken by the person who is staying to the person who is leaving, and '안녕히 계세요' is spoken by the person who is
leaving to the person who is staying.

3. 고마움을 표현할 때 When expressing gratitude

윗사람이나 모르는 사람에게는 '고맙습니다'를 사용하는 것이 더 공손하다.
It is more polite to say '고맙습니다' to someone who is older or of higher social status and also to a person that you do not know.

4. 미안함을 표현할 때 When expressing apology

윗사람이나 모르는 사람에게는 '죄송합니다'를 사용하는 것이 더 공손하다.
It is more polite to say '죄송합니다' to someone who is older or of higher social status and also to a person that you do not know.

1과 저는 미국 사람이에요
I'm American

• 이름 소개하기
Introducing your name
• 국적 소개하기
Introducing your nationality

1. 다음은 세계 여러 나라의 우표입니다. 나라 이름을 확인해 보세요.

The following are stamps of various countries around the world. Find the name of each country in Korean.

어휘 Vocabulary

나라

한국	일본
중국	인도
베트남	호주
영국	독일
프랑스	러시아
미국	브라질

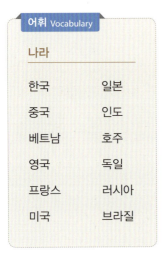

2. 다음 그림을 보고 보기 와 같이 국적을 이야기해 보세요.

Look at the following picture and talk about their nationalities with your partner.

보기 한국 사람

Track 34

A 안녕하세요? 저는 케빈이에요.
B 안녕하세요? 저는 유카예요.

A: Hello. I'm Kevin.
B: Hi. I'm Yuka.

보기 와 같이 친구와 이야기해 보세요. Create dialogues with your partner as shown in the example.

보기

로렌

안녕하세요?
저는 로렌이에요.

1) 다쿠야

2) 기욤

3) 에바

4) (   )

🔍 저는 N이에요/예요

This is the expression used to introduce oneself. N may be names, nationalities, and jobs.

저는 유카**예요**.   │   저는 일본 사람**이에요**.

새 단어 New Vocabulary	저 I, me

Track 35

A 어느 나라 사람이에요?
B 저는 미국 사람이에요.

A: Where are you from?
B: I'm from America.

상대의 국적을 물어볼 때
'어느 나라 사람이에요?'라고
묻는다.
When asking someone's
nationality, you say '어느 나라
사람이에요?'

1. 보기 와 같이 친구와 이야기해 보세요. Create dialogues with your partner as shown in the example.

보기

이름이 뭐예요?   저는 양양이에요.

어느 나라 사람이에요?   저는 중국 사람이에요.

중국

양양

상대의 이름을 물어볼 때
'이름이 뭐예요?'라고 묻는다.
When asking someone's
name, you say '이름이 뭐예요?'

1)   일본   유카
2)   인도   라샨
3)   프랑스   에바
4)   ?

2. 보기 와 같이 질문을 바꿔서 다시 한번 국적을 묻고 대답하는 연습을 해 보세요.
Change the questions as shown in the example and then practice asking and answering about nationality.

보기

중국 사람이에요?   네, 저는 중국 사람이에요.

🔍 N이에요/예요?

A declarative sentence ending with 'N이에요/예요' has a falling intonation. Conversely, a question ending
with 'N이에요/예요' has a rising intonation.

A: 한국 사람**이에요?** ╱   A: 어느 나라 사람**이에요?** ╱
B: 네, 저는 한국 사람**이에요.** ╲   B: 저는 독일 사람**이에요.** ╲

새 단어
New Vocabulary   어느 which   이름 name   뭐 what   네 yes

Track 36

Yuka: Hello?
Kevin: Hello? I'm Kevin. What's your name?
Yuka: I'm Yuka. Nice to meet you, Kevin.
　　　Where are you from?
Kevin: I'm from America. Nice to meet you.

유카　안녕하세요?
케빈　안녕하세요? 저는 케빈이에요.
　　　이름이 뭐예요?
유카　저는 유카예요. 반가워요, 케빈 씨.
　　　어느 나라 사람이에요?
케빈　저는 미국 사람이에요.
　　　만나서 반가워요.

'씨'는 사람의 이름 끝에 덧붙이는 호칭이다.
성별에 관계없이 성이나 이름과 함께 사용할 수 있다.
그러나 성만 써서 '씨'를 붙이는 것은 다소 무례한 행동이다.
'씨' is a term of address that can be added at the end of someone's name. It can be used with either the first name or full name, regardless of gender. It is rather impolite to use '씨' with the last name only.

김태우 씨 (O)　태우 씨 (O)　김 씨 (X)

 그림을 보고 친구와 이야기해 보세요.
Create conversations for the following pictures with your partner.

1)

ID CARD
이름: 케빈
국적: 미국

2)

ID CARD
이름: 팅팅
국적: 중국

3)

ID CARD
이름: 라샨
국적: 인도

4)

ID CARD
이름: 미아
국적: 독일

새 단어
New Vocabulary　씨 Mr, Miss, Mrs.　국적 nationality

1. 잘 듣고 알맞은 그림을 고르세요. Listen to the conversations and choose the correct pictures.

Track 37

1) ①  ②  ③

2) ①  ②  ③

일본   영국   인도

2. 대화를 잘 듣고 질문에 답하세요. Listen to the conversation and answer the questions.

Track 38

1) 여자의 이름이 뭐예요?
What is the woman's name?

① 소냐
② 소피
③ 수지

2) 호세는 어느 나라 사람이에요?
Where is José from?

① 러시아
② 브라질
③ 프랑스

정답 | 1. 1)② 2)① 2. 1)③ 2)②

여러분 나라의 국가 대표가 되어서 친구들과 이야기해 보세요.
Pretend to be a national representative of your country and chat with one another.

1. **ID 명찰을 만드세요.** Create an ID badge.

이름:
국적:

2. **다른 나라의 대표들을 만나서 이야기해 보세요.**
Meet and chat with representatives from other countries.

이름: 이지우
국적: 한국

안녕하세요? 안녕하세요?

저는 이지우예요. 이름이 뭐예요? 저는 팅팅이에요.

반가워요, 팅팅 씨. 어느 나라 사람이에요? 저는 중국 사람이에요. 지우 씨는 …

⋮

안녕히 가세요. 안녕히 가세요.

국적을 말할 때
When talking about nationality
저는 미국 사람이에요.
= 저는 미국에서 왔어요.

3. **누구를 만났어요? 만난 사람의 이름과 국적을 써 보세요.**
Who did you meet? Write the person's name and nationality that you met.

	보기	1	2	3	4	5
이름	팅팅					
국적	중국					

3 소개
Introductions

2과 팅팅 씨는 학생이에요?
Tingting, are you a student?

- 다른 사람 소개하기
  Introducing another person
- 개인 정보 묻고 답하기
  Asking and answering personal questions

1. 이 사람들의 직업이 뭐예요? 번호를 쓰고 보기 와 같이 친구와 이야기해 보세요.

What are their jobs? Write the correct number and create dialogues with your partner as shown in the example below.

어휘 Vocabulary

직업

가수	___
학생	___
기자	___
의사	1
군인	___
경찰	___
선생님	___
회사원	___
요리사	___
간호사	___
변호사	___
연구원	___

보기

직업이 뭐예요?   저는 의사예요.

직업을 물어볼 때 '직업이 뭐예요?'라고 질문할 수 있다.

When asking what someone does for a living, you can say '직업이 뭐예요?'

2. 그림 속의 사람들을 가리키면서 보기 와 같이 친구와 이야기해 보세요.

Point to the people in the pictures and create dialogues with your partner as shown in the example.

보기

선생님이에요?   **네**, 선생님이에요.

아니요, 의사예요.

Track 39

A 이쪽은 다쿠야 씨예요.
　다쿠야 씨는 회사원이에요.

A: This is Takuya.
　Takuya is an office worker.

1. '은'과 '는' 중에서 알맞은 것을 쓰세요.
Fill in the blank with either '은' or '는'.

1) 에바＿＿＿ 학생이에요.

2) 이쪽＿＿＿ 케빈 씨예요.

3) 기욤＿＿＿ 프랑스 사람이에요.

4) 에밀리＿＿＿ 미국 사람이에요.

2. 한국어로 친구를 소개해 보세요.
Introduce your partner in Korean.

이쪽은 ＿＿＿＿이에요/예요.

어떤 사람을 다른 사람에게 소개할 때 소개할 사람을
가리키며 '이쪽'이라고 말한다. '이쪽' 대신 '여기'라고도
말할 수 있다.

When introducing someone to another person, point to
the person you are introducing and say '이쪽'. Instead
of '이쪽', you can also say '여기'.

이쪽
• 이쪽은 ＿＿＿＿이에요/예요.
• 여기는 ＿＿＿＿이에요/예요.

나이가 많거나 지위가 높은 사람을 소개할 때는 '이분'을
사용해야 한다.

When introducing someone who is older or has a
higher status than you, you must say '이분'.

이분
• 이분은 ＿＿＿＿＿＿

🔍 N은/는

'은/는' is a particle attached to the noun that is the topic of the sentence.
지우**는** 회사원이에요.　　　　　|　　　　　로렌**은** 영국 사람이에요.

새 단어
New Vocabulary　　이쪽 this (side), this (person)　여기 here　이분 this person (honorific form)

정답 | 1. 1) 는 2) 은 3) 은 4) 는

A 팅팅 씨는 일본 사람이에요?
B 아니요, 저는 일본 사람이 아니에요.
중국 사람이에요.

A: Tingting, are you Japanese?
B: No, I am not Japanese.
I'm Chinese.

 보기 처럼 친구와 같이 이야기해 보세요.
Create dialogues with your partner as shown in the example.

보기

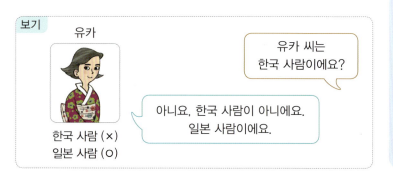

유카

유카 씨는
한국 사람이에요?

아니요, 한국 사람이 아니에요.
일본 사람이에요.

한국 사람 (×)
일본 사람 (○)

문장의 주어가 명백할 때 그 주어는 대개 생략된다.
When it is obvious to the other person what
the topic is, the topic is generally omitted.

(저는) 일본 사람이에요.

하지만 주어를 명확히 해야 할 때는 생략되지
않는다.
However, when it is necessary to make the
topic clear, the topic is not omitted.

1) 케빈

영국 사람 (×)
/ 미국 사람 (○)

2) 라샨

의사 (×)
/ 연구원 (○)

3) 로렌

가수 (×)
/ 기자 (○)

4) 투이

선생님 (×)
/ 학생 (○)

5) _____

🔍 N이/가 아니에요

'N이/가 아니에요' is used to deny a claim made about the state or characteristic of the sentence's subject.
다쿠야 씨는 의사**가 아니에요.** 회사원이에요. │ 저는 미국 사람**이 아니에요.** 호주 사람이에요.

Track 41

Emily: Tingting, this is Minjun.
   Minjun, this is Tingting.
Minjun: How's it going? I'm Minjun.
Tingting: Nice to meet you. I'm Tingting.
   I'm from China.
Minjun: Oh, is that so? Are you a student,
   Tingting?
Tingting: No, I'm not a student.
   I'm a teacher.

에밀리   팅팅 씨, 이쪽은 민준 씨예요.

　　　　민준 씨, 이쪽은 팅팅 씨예요.

민준　　안녕하세요? 저는 민준이에요.

팅팅　　반가워요. 저는 팅팅이에요.

　　　　중국 사람이에요.

민준　　아, 그래요? 팅팅 씨는 학생이에요?

팅팅　　아니요, 저는 학생이 아니에요.

　　　　선생님이에요.

'아, 그래요?'는 다른 사람이 어떤 정보를 소개했을 때
가볍게 맞장구치면서 사용하는 표현이다.
'아, 그래요?' refers to the use of casual responses
when someone else introduces some information.

 다음 그림을 보고 친구와 이야기해 보세요.
Create conversations for the following pictures with your partner.

1) 팅팅 / 중국 사람　　2) 기욤 / 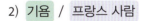 프랑스 사람　　3) 올리버 / 영국 사람　　4) 다쿠야 / 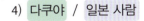 일본 사람

1. 잘 듣고 알맞은 그림을 고르세요. Listen to the conversations and choose the correct pictures.

Track 42

1)
①
②
③

2)
①
②
③

2. 대화를 잘 듣고 질문에 답하세요. Listen to the conversation and answer the questions.

Track 43

1) 들은 내용과 맞는 그림을 고르세요. Choose the correct picture according to the conversation.

①
②
③

2) 이지우 씨의 ID 카드로 맞는 것을 고르세요. Choose the ID cards which belongs to Jiwoo.

①
ID CARD
이름: 이지우
국적: 한국
직업: 학생

②
ID CARD
이름: 이지우
국적: 중국
직업: 회사원

③
ID CARD
이름: 이지우
국적: 한국
직업: 회사원

정답 | 1. 1) ③ 2) ② 2. 1) ① 2) ③

💬 다른 사람이 되어서 친구들과 이야기해 보세요. Pretend to be the person on the card and chat with one another.

1. 선생님이 준비한 카드를 한 장씩 받으세요. Get a card from your teacher.

2. 친구를 만나서 국적과 직업을 서로 알아맞혀 보세요.
Meet your classmates and guess each other's nationality and job.

안녕하세요?
저는 김민준이에요.

미아 씨는 일본 사람이에요?

그럼 독일 사람이에요?

아, 그래요?
미아 씨는 가수예요?

만나서 반가워요. 민준 씨.
저는 미아예요.

아니요, 저는 일본 사람이 아니에요.

네, 독일 사람이에요.

아니요, …

3. 지금 이야기 나눈 친구를 다른 친구에게 소개해 주고 새로운 친구를 소개 받으세요.
그리고 그 친구와 더 이야기해 보세요.
Introduce the person you've met to another person, and get introduced to a new person.
Then, talk more with the person you just met.

안녕하세요?
저는 김민준이에요.

이쪽은
민준 씨예요.

안녕하세요?
저는 …

새 단어 New Vocabulary	그럼 well then

1. 다음을 읽고 질문에 답하세요. Read the following passage and answer the questions.

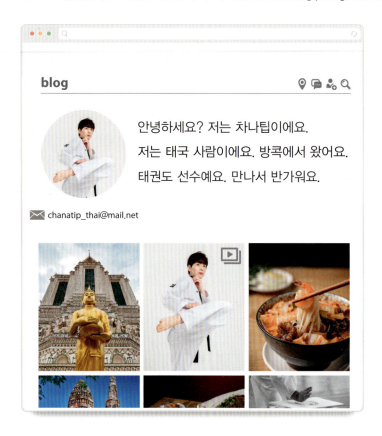

1) 이름이 뭐예요?

_____.

2) 어느 나라 사람이에요?

_____.

3) 직업이 뭐예요?

_____.

2. SNS에 한국어로 자기소개를 써 보세요. Write a self-introduction for your social media profile in Korean.

정답 | 1. 1) 차나팁이에요   2) 태국 사람이에요   3) 태권도 선수예요

새 단어
New Vocabulary   태국 Thailand   방콕 Bangkok   태권도 taekwondo   선수 athlete

1과 저는 미국 사람이에요
I'm American

☐ 나라   country, nation

☐ 한국   (South) Korea

☐ 일본   Japan

☐ 중국   China

☐ 인도   India

☐ 베트남   Vietnam

☐ 호주   Australia

☐ 영국   United Kingdom

☐ 독일   Germany

☐ 프랑스   France

☐ 러시아   Russia

☐ 미국   U.S.A.

☐ 브라질   Brazil

☐ 사람   person

2과 팅팅 씨는 학생이에요?
Tingting, are you a student?

☐ 직업   job

☐ 가수   singer

☐ 학생   student

☐ 기자   reporter

☐ 의사   doctor

☐ 군인   military personnel

☐ 경찰   police officer

☐ 선생님   teacher

☐ 회사원   company staff, office worker

☐ 요리사   cook, chef

☐ 간호사   nurse

☐ 변호사   lawyer

☐ 연구원   researcher

☐ 네   yes

☐ 아니요   no

1과 이거는 뭐예요?
What is this?

- 사물 이름 묻고 답하기
  Asking names of objects and responding
- 소유물에 대해 말하기
  Talking about possessions

1. 다음은 교실에 있는 여러 가지 사물입니다. 번호를 쓰고 보기 와 같이 친구와 이야기해 보세요.

The following are various classroom items. Write the numbers for the items, as shown in the example, and talk about them with your partner.

보기

뭐예요?

책상이에요.

어휘 Vocabulary

가방	_____	의자	_____	책상	1	노트북	_____	지도	_____	공책	_____
휴대폰	_____	연필	_____	지우개	_____	창문	_____	모자	_____	컴퓨터	_____
시계	_____	책	_____	필통	_____	볼펜	_____				

이거는 뭐예요?
책이에요.

A: What's this?
B: That's a book.

Track 44

그거는 뭐예요?
볼펜이에요.

A: What's that?
B: This is a pen.

저거는 뭐예요?
가방이에요.

A: What's that over there?
B: That's a bag.

 친구와 교실에 있는 물건 이름을 묻고 이야기해 보세요.
Ask your partner what the names of the classroom items are and talk about them.

학생 B
➡ p. 139

학생 A

① 시계
④
③ 가방
⑤
② 책
⑥

이거/그거/저거는 뭐예요?

이거/그거/저거는 …

🔍 이거/그거/저거

'이거/그거/저거' are terms used to refer to things. If the object is closer to the person speaking, then say '이거'. If the object is close to the person listening, then say '그거'. If the object is far from both the speaker and the listener, then say '저거'. You cannot use these terms to refer to people.

이거는 의자예요.
그거는 공책이에요.

A: 저거는 뭐예요?
B: (저거는) 지도예요.

Track 45

A 이거는 팅팅 씨의 공책이에요?
B 네, 제 공책이에요.

A: Is this your notebook, Tingting?
B: Yes, it's mine.

1. 누구의 물건일까요? 그림의 물건을 가리키면서 보기 와 같이 친구들과 이야기해 보세요.
Whose item is it? Create dialogues referring to the items in the pictures with your partners.

보기

이거는 에바 씨의 공책이에요?

네, 에바 씨의 공책이에요.

소유나 소속을 나타내는 '의'는 [에]로 많이 발음한다.
'의' is used to show ownership or belonging to and is often pronounced as [에].
누구의 볼펜이에요? – 팅팅 씨의 볼펜이에요.
[에]   [에]

2. 위 그림을 이용해서 보기 와 같이 친구와 묻고 대답해 보세요.
Using the pictures above, practice asking and answering with your partner as shown in the example.

보기

이거는 누구 볼펜이에요?

케빈 씨 볼펜이에요.

말할 때는 '의'가 생략되는 경우가 많다.
'의' is often omitted when speaking.
누구의 볼펜이에요? = 누구 볼펜이에요?
케빈 씨의 볼펜이에요. = 케빈 씨 볼펜이에요.

🔍 N(의) N

'의' is used to indicate that a person or thing is owned by or belongs to the preceding noun.
이거는 팅팅(의) 필통이에요.   A: 저거는 누구(의) 노트북이에요?
지우 씨는 다쿠야 씨(의) 친구예요.   B: 기음(의) 노트북이에요.

'저의' is abbreviated as '제'.
그거는 **저의** 휴대폰이에요. = 그거는 **제** 휴대폰이에요.

저 + 의 → 제

새 단어
New Vocabulary | 누구 who   친구 friend

Track 46

케빈 유카 씨, 그거는 뭐예요?

유카 이거는 가방이에요.

케빈 그거는 유카 씨의 가방이에요?

유카 아니요. 제 가방이 아니에요.
　　 팅팅 씨 가방이에요.

Kevin: Yuka, what is that?
Yuka: This is a bag.
Kevin: Is that your bag?
Yuka: No, it's not mine. It's Tingting's bag.

 그림을 보고 친구와 이야기해 보세요.
Create conversations for the following pictures with your partner.

1)

2)

3)
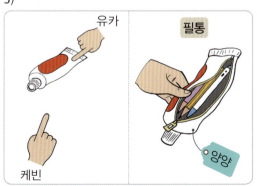

4)
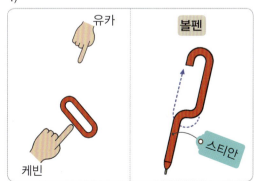

1. 잘 듣고 알맞은 그림을 연결하세요.
Listen to the conversations and choose the correct pictures.

Track 47

1) •　　　　　　　　　2) •　　　　　　　　　3) •

① 　② 　③ 　④

2. 대화를 잘 듣고 질문에 답하세요.
Listen to the conversation and answer the questions.

Track 48

1) 지금 여기에 <u>없는</u> 물건을 고르세요. Choose the item that is missing.

①　　　　　　②　　　　　　③　　　　　　④

2) 민준 씨의 물건은 뭐예요? Which item is Minjun's?

💬 **누구의 물건인지 친구들과 이야기해 보세요.**
Talk about whose items they are with your partners.

1. 여러분의 물건을 하나씩 상자에 모으세요. Each person should put an item of theirs in a box.

2. 한 사람씩 순서대로 다른 사람의 물건을 꺼내서 누구의 물건인지 질문하고 이야기해 보세요.
Go around one person at a time and take an item out of the box, and then ask whose item it is.

이거는 한국어로 뭐예요?

그거는 휴대폰이에요.

이거는 누구의 휴대폰이에요?

제 휴대폰이에요.

이거는 에바 씨의 휴대폰이에요?

아니요, 케빈 씨의 휴대폰이에요.

한국어로 어떻게 말하는지 알고 싶을 때
'한국어로 뭐예요?'라고 물을 수 있다.

When you want to know how to say something
in Korean, you can say '한국어로 뭐예요?'.

3. 다른 물건을 상자에 넣고 한 번 더 연습해 보세요.
Practice one more time putting another item of yours in the box.

새 단어
New Vocabulary | 한국어 Korean language

4 물건
Items and Objects

2과 휴지가 있어요?
Do you have any tissues?

- 상황에 따라 적절한 지시어 사용하기
  Using appropriate demonstratives according to certain situations
- 소유 여부에 대해 묻고 답하기
  Asking and answering questions about ownership

1. 물건들의 이름을 확인하고 [보기] 와 같이 친구와 이야기해 보세요.
Check the names of the items and talk with your partner as shown in the example.

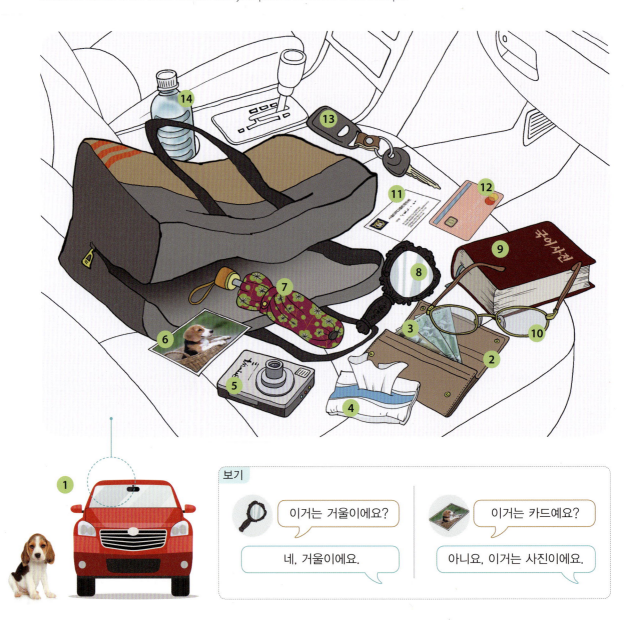

보기

이거는 거울이에요?

네, 거울이에요.

이거는 카드예요?

아니요, 이거는 사진이에요.

어휘 Vocabulary

지갑	____	돈	____	휴지	____	우산	____	카메라	____
차	1	물	____	거울	____	열쇠	____	명함	____
사진	____	안경	____	카드	____	사전	____		

Track 49

A 이 가방은 로렌 씨 가방이에요?

B 네, 제 가방이에요.

A: Is this your bag, Lauren?
B: Yes, it's mine.

A 저 사람은 누구예요?

B 호세 씨예요.

A: Who's that person over there?
B: That's José.

1. 그림을 보고 보기 와 같이 '이, 그, 저'를 사용해 빈칸을 채우세요.
   Look at the picture, and then fill in the blank with '이, 그, or 저' as shown in the example.

학생 A		
보기	저 차	▲
①	_____	◇
②	_____	◇
③	_____	▲
④	_____	◇
⑤	_____	▲

보기

학생 B		
보기	저 차	◇
①	_____	▲
②	_____	▲
③	_____	◇
④	_____	▲
⑤	_____	◇

2. 보기 와 같이 친구와 이야기해 보세요. Create dialogues with your partner as shown in the example.

보기
학생 A: 저 차는 _____ 씨 차예요? (▲)
학생 B: 네, 제 차예요. (◇)

▲가 있으면 친구에게 질문하고, ◇가 있으면 친구의 질문에 대답하세요. If there is a ▲, then ask your partner a question. If there is a ◇, then answer your partner's question.

🔍 이/그/저 N

'이, 그, 저' refer to or point to specific objects. They are written before nouns, which can be both an object or a person. '이' refers to an object or person that is closer to the speaker. '그' refers to an object or person that is closer to the listener. '저' refers to objects or people that are far from both the speaker and listener.

이 의자

이 의자 / 그 의자

저 의자

이 사전은 한국어 사전이에요.
저 사람은 올리버 씨예요.

A: 그 우산은 누구 우산이에요?
B: 이거는 양양 씨 우산이에요.

Track 50

A 올리버 씨, 휴지가 있어요?
B 네, 있어요.

A: Oliver, do you have any tissues?
B: Yes, I do (have some).

A 올리버 씨, 한국어 사전이 있어요?
B 아니요, 없어요.

A: Oliver, do you have a Korean dictionary?
B: No, I don't (have one).

💬 보기 와 같이 친구와 이야기해 보세요. Create dialogues with your partner as shown in the example.

보기

우산이 있어요?

네, 있어요.
아니요, 없어요.

돈   휴지   물

명함   한국 친구   휴대폰

노트북   카메라   카드

여자 친구/남자 친구   개   고양이

🔍 N이/가 있어요/없어요

'N이/가 있어요' means the subject of the sentence has a Noun. 'N이/가 없어요' means the subject of the sentence doesn't have a Noun.

저는 한국 친구**가** 있어요.
지우 씨는 노트북**이** 없어요.

A: 에바 씨, 거울**이** 있어요?
B: 아니요, **없어요**.

'이/가' can be omitted when speaking.
휴지**가** 있어요? = 휴지 있어요?

새 단어
New Vocabulary
여자 친구 girlfriend   남자 친구 boyfriend   개 dog   고양이 cat

Track 51

Lauren: Takuya, who's this person?
Takuya: It's Jiwoo. She's my Korean friend.
Lauren: Ah, you have a Korean friend?
Takuya: Yes, I have a lot of them.
Lauren: Is this your car?
Takuya: No, it's Jiwoo's car. I don't have a car.

로렌   다쿠야 씨, 이 사람은 누구예요?

다쿠야   지우 씨예요. 제 한국 친구예요.

로렌   아, 한국 친구가 있어요?

다쿠야   네, 많이 있어요.

로렌   이 차는 다쿠야 씨의 차예요?

다쿠야   아니요, 지우 씨 차예요. 저는 차가 없어요.

＊많이 [마니]

🗨 그림을 보고 친구와 이야기해 보세요.
Create conversations for the following pictures with your partner.

1)
지우
차

2)
유미
고양이

3)
민준
카메라

4)
세호
기타

새 단어
New Vocabulary   많이 a lot, many   기타 guitar

1. 잘 듣고 물건이 있으면 ○, 없으면 ×표 하세요.

Listen to the conversations and write ○ if there is an item, and × if there isn't.

Track 52

1) (   )　　　2) (   )　　　3) (   )　　　4) (   )

2. 대화를 잘 듣고 질문에 답하세요.

Listen to the conversation and answer the questions.

Track 53

1) 기욤 씨의 물건은 뭐예요? Which item is Guillaume's?

①　　　　　　　　　②　　　　　　　　　③

2) 지갑이 어디에 있어요? Where is the wallet?

친구들의 소지품을 조사해 보세요.
Inquire about your classmates' possessions.

1. **친구가 무엇을 가지고 있을까요? 친구에게 물어보고 싶은 물건들의 이름을 써 보세요.**
What items your classmates have? Write the names of items that you want to know if your partners have.

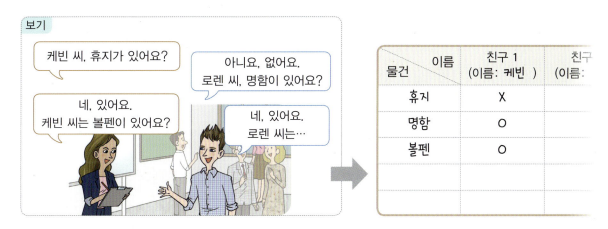

물건 \ 이름	친구 1 (이름:)	친구 2 (이름:)	친구 3 (이름:)

2. 보기 **와 같이 친구들과 묻고 답하면서 ○, ×로 표시해 보세요.**
Fill in the list above by asking and answering with your partners as shown in the example.

보기

케빈 씨, 휴지가 있어요?

아니요, 없어요.
로렌 씨, 명함이 있어요?

네, 있어요.
케빈 씨는 볼펜이 있어요?

네, 있어요.
로렌 씨는…

물건 \ 이름	친구 1 (이름: 케빈)	친구 (이름:
휴지	X	
명함	O	
볼펜	O	

3. **누가 무엇을 가지고 있는지 친구들에게 발표해 보세요.** Present to the class what you found out.

케빈 씨는 명함이 있어요.
그리고 볼펜이 있어요.

투이 씨는 휴지가 있어요.
명함이 없어요.

새 단어 New Vocabulary	물건 item, object	그리고 and

1. 다음을 잘 읽고 읽은 내용과 같으면 ○, 다르면 ×표 하세요.
Read the following carefully, write ○ if it is the same as what you read, write × if it is different.

이 사람은 올리버 씨예요. 올리버 씨는 영국 사람이에요.

이거는 올리버 씨의 열쇠예요.
이 열쇠는 집 열쇠가 아니에요. 차 열쇠예요.

이거는 올리버 씨의 지갑이에요. 올리버 씨는 명함이
있어요. 올리버 씨의 직업은 변호사예요.

이거는 '해피' 사진이에요. '해피'는 올리버 씨의 개예요.

1) 올리버는 영국에서 왔어요.   (   )

2) 올리버는 차가 있어요.   (   )

3) 올리버는 지갑이 없어요.   (   )

4) 올리버는 개가 없어요.   (   )

2. 여러분의 친구는 무슨 물건을 가지고 있어요? 소개하는 글을 써 보세요.
What items do your classmates have? Write about them.

새 단어 New Vocabulary	집 house

정답 | 1. 1) ○ 2) ○ 3) × 4) ×

1과 이거는 뭐예요?
What is this?

☐ 가방	bag
☐ 의자	chair
☐ 책상	desk
☐ 노트북	laptop
☐ 지도	map
☐ 공책	notebook
☐ 휴대폰	cell phone
☐ 연필	pencil
☐ 지우개	eraser
☐ 창문	window
☐ 모자	hat, cap
☐ 컴퓨터	computer
☐ 시계	watch, clock
☐ 책	book
☐ 필통	pencil case
☐ 볼펜	pen

2과 휴지가 있어요?
Do you have any tissues?

☐ 지갑	wallet
☐ 돈	money
☐ 휴지	tissue
☐ 우산	umbrella
☐ 카메라	camera
☐ 차	car
☐ 물	water
☐ 거울	mirror
☐ 열쇠	key
☐ 명함	business card
☐ 사진	picture
☐ 안경	eye glasses
☐ 카드	card
☐ 사전	dictionary

1과 오렌지 주스 주세요
Please give me some orange juice

- 요청하기 Making requests
- 숫자 세기 Counting numbers
- 주문하기 (1) Ordering food (1)

1. 여기는 커피숍이에요. 메뉴에 있는 음료와 음식들을 아래 그림에서 한번 찾아보세요. 그리고 보기 와 같이 친구와 이야기해 보세요. This is a coffee shop. Look for the beverages and food items on the menu below. And talk with your partner as shown in the example.

Track 54

A 커피 주세요.
B 네, 잠깐만 기다리세요.

A: Please bring me some coffee.
B: Sure, please wait a moment.

 보기 와 같이 이야기해 보세요.

Create sentences as shown in the example.

보기

쓰다

쓰세요.

1) 보다

2) 읽다

3) 쉬다

4) 앉다

🔍 V–(으)세요

'V–(으)세요' is used in conjunction with verb to ask or command someone to do something politely.

잠깐만 기다리세요.   여기 앉으세요.

'N 주세요' is used to request someone to give an item.

커피 주세요.   샐러드 주세요.

새 단어
New Vocabulary

주다 to give   잠깐만 just a moment   기다리다 to wait   쓰다 to write   보다 to look, to see
읽다 to read   쉬다 to rest   앉다 to sit

Track 55

A 뭐 드릴까요?
B 아메리카노 둘 주세요.

A: What can I get for you?
B: Two americanos please.

 어떤 것을 주문할까요? 보기 **와 같이 친구들과 이야기해 보세요.**
What shall I order? Create dialogues with your partners as shown in the example.

보기
뭐 드릴까요?
네, 잠깐만 기다리세요.
녹차 둘 주세요.

식당이나 가게에서 직원이 손님한테 무엇이 필요한지 물을 때 '뭐 드릴까요?' 라고 질문한다.

When at a restaurant or store, employees say '뭐 드릴까요?' when asking what a customer needs.

MENU

아메리카노 · 홍차 · 오렌지 주스 · 빵

아이스커피 · 녹차 · 사과 주스 · 샌드위치

 하나
 둘

 셋
 넷

🔍 **수 1(하나, 둘, 셋, 넷, …)**

When counting people or items, use '하나, 둘, 셋, 넷…'. When this is the case, the number must come after the noun such as '빵 하나', '빵 둘'.

볼펜이 **하나** 있어요.
샌드위치 **둘** 주세요.

A: 뭐 드릴까요?
B: 아이스커피 **셋** 주세요.

빵 둘 O
둘 빵 ×

Track 56

직원 어서 오세요.
팅팅 포도 주스 있어요?
직원 아니요, 없어요.
팅팅 그럼 오렌지 주스 하나 주세요.
직원 네, 잠깐만 기다리세요.

Employee: Welcome (please come in).
Tingting: Do you have grape juice?
Employee: No, we don't.
Tingting: Well then, please give me one (glass of)
        orange juice.
Employee: Sure, Please wait a minute.

 다음 그림을 보고 친구와 이야기해 보세요.
Create conversations for the following pictures with your partner.

1)

포도 주스   오렌지 주스

2)

홍차   녹차

3)

케이크   쿠키

4)

유자차   카페 라테

새 단어
New Vocabulary   직원 employee   어서 오세요 welcome(please come in)

1. 손님이 뭘 주문했어요? 잘 듣고 알맞은 그림을 찾아 연결하세요.

Listen to the conversations, and connect the picture to the item that the customer ordered.

Track 57

1)   2)   3)   4)

①   ②   ③   ④   ⑤

2. 대화를 잘 듣고 질문에 답하세요.

Listen to the conversation and answer the questions.

Track 58

1) 남자는 어디에서 뭐 하고 있어요? Where is the man and what is he doing now?

①    ②    ③

2) 손님이 무엇을 주문했어요? What did the customer order?

①    ②    ③

주사위 게임을 해 보세요. 먼저 들어오는 사람이 이기는 게임이에요.
Play a dice game. The person who finishes first wins the game.

게임판
● p. 140

1. 2-3명이 모여서 주사위를 던질 순서를 정합니다.
Form groups of 2-3 people and determine the playing order.

2. 주사위를 던져서 나온 수만큼 말을 이동하세요. 그리고 해당 칸에 있는 그림을 보고 음식을 주문하세요.
Roll the die and move spaces according to the number rolled. And order the food in the space that you landed on.

빵 둘 주세요.

게임 규칙
Rules of
the Game

• 숫자나 음식의 이름을 잘못 말해서 올바르게 주문하지 못하면 원래 있던 자리로 돌아가야 합니다.
If you can't correctly say the numbers or the name of the food, then go back to your previous space.

빵 넷 주세요. ✕

• "쉬세요"가 나오면 한 차례 쉬어야 합니다.
If you land on "쉬세요", you have to skip a turn.

쉬세요

• 음식 그림이 없을 경우 해당 칸에 쓰여 있는 내용을 수행하세요.
If there is no picture of food in the space, then follow the instruction of the space.

뒤로 한 칸 가세요. Go back one space.	한국어로 자기소개 하세요. Introduce yourself in Korean.	한국어로 1에서 10까지 세어 보세요. Count from 1 to 10 in Korean.

3. 순서대로 돌아가며 2와 같이 하세요. 먼저 도착한 사람이 이깁니다.
Going in order of who is next, continue with step 2. The person who lands on the finish line first, wins.

2과 비빔밥하고 콜라 한 병 주세요
Please give me bibimbap and a bottle of cola

- 단위 명사 사용해 수량 표현하기
  Expressing quantities using unit nouns
- 주문하기 (2) Ordering food (2)

1. 다음 음식들의 이름이 뭐예요? 번호를 쓰고 보기 와 같이 친구와 이야기해 보세요.

What are the names of the following food? Write the number of item in the box, and talk with your partner as shown in the example.

보기
이거는 뭐예요?
비빔밥이에요.

어휘 Vocabulary

음식			음료	술
비빔밥 __5__	김밥 _____	햄버거 _____	콜라 _____	소주 _____
불고기 _____	떡볶이 _____	피자 _____	사이다 _____	맥주 _____
냉면 _____	라면 _____	스파게티 _____		
김치 _____				
밥 _____				

Track 59

A 뭐 드릴까요?
B 비빔밥 두 그릇 주세요.

A: What can I get for you?
B: Give us two bowls of bibimbap please.

 보기 와 같이 친구와 이야기해 보세요.
Create dialogues with your partner as shown in the example.

보기

커피가 몇 잔 있어요?
커피가 세 잔 있어요.

몇 N
개수를 물을 때 '몇 개, 몇 잔, 몇 병'과 같이 '몇 + 단위 명사' 형태를 사용하여 질문한다.

When asking for the number of items, '몇 + unit noun' is used such as '몇 개, 몇 잔 and 몇 병'.

사과 몇 개 있어요? (O)
사과 몇 있어요? (×)

1)   2)   3)  4)  5)

N 개 / 병 / 잔 / 그릇

'N 개 / 병 / 잔 / 그릇' is used to count the number of objects. The name of the object is mentioned first, followed by the numerator, and finally, the unit noun such as '개, 병, 잔, 그릇'.

 빵 한 **개** 주세요.

 사이다가 두 **병** 있어요.

A: 뭐 드릴까요?
B: 홍차 세 **잔** 주세요.

A: 비빔밥 몇 그릇 드릴까요?
B: 비빔밥 네 **그릇** 주세요.

새 단어 New Vocabulary 몇 how many

Track 60

A 뭐 드릴까요?

B 햄버거 한 개하고 콜라 한 잔 주세요.

A: What can I get for you?

B: Please give me a hamburger and a cola.

보기 와 같이 친구와 이야기해 보세요.

Create dialogues with your partner as shown in the example.

보기

뭐 드릴까요?

샌드위치 + 주스

샌드위치하고 주스 주세요.

1) 냉면 + 비빔밥

2) 우유 + 쿠키

3) 라면 + 콜라

4) 치킨 + 맥주

5) 불고기 + 소주

6) 녹차 + 홍차 + 빵

숫자와 단위 명사도 함께 사용해서 연습해 보세요.

Practice using numbers and unit nouns together.

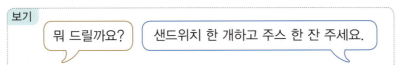

보기

뭐 드릴까요?   샌드위치 한 개하고 주스 한 잔 주세요.

| 치킨 | 한 두 세 … | 마리 | 불고기 | 일 이 삼 … | 인분 |

🔍 N하고 N

'하고' is used to connect two or more nouns. Be careful not to use it when connecting two sentences.

지우개하고 연필이 있어요.

밥하고 김치 좀 주세요.

A: 뭐 드릴까요?

B: 냉면 둘하고 맥주 한 병 주세요.

새 단어
New Vocabulary

우유 milk   치킨 chicken   마리 unit noun for counting animals   인분 portion

Track 61

Employee: Welcome. Please have a seat here.
Yangyang: Can I please have a menu?
Employee: Here you go. What can I get for you?
Yangyang: Please give me two bowls of
bibimbap and a bottle of cola.
Employee: Sure, please wait a moment.
…
Yangyang: Excuse me. Please give me some
more side dishes.
Employee: Sure, here you go.

직원 어서 오세요. 여기 앉으세요.
양양 메뉴 좀 주세요.
직원 여기 있어요. 뭐 드릴까요?
양양 비빔밥 두 그릇하고 콜라 한 병 주세요.
직원 네, 잠깐만 기다리세요.
　　　　　　　　　…
양양 여기요. 반찬 좀 더 주세요.
직원 네, 여기 있어요.

상대방에게 서비스를 요청할 때 '좀'을 함께 사용하면
더 공손한 느낌을 줄 수 있다.
Use '좀' to make a more well-mannered request to
another person.
반찬 좀 주세요. | 물 좀 주세요.

'여기요'는 식당에서 종업원을 부를 때 사용하는 표현이다.
'여기요' literally means 'here', but at a restaurant it is
used to get the waiter/waitress's attention.

 그림을 보고 친구와 이야기해 보세요.
Create conversations for the following pictures with your partner.

1)

반찬

2)

3)

4)

소스

새 단어
New Vocabulary   좀 please   반찬 side dish   더 more   소스 sauce

1. 손님이 뭘 주문했어요? 잘 듣고 알맞은 그림을 찾아 연결하세요.
Listen to the conversations, and connect the picture to the item that the customer ordered.

Track 62

1) •

2) •

3) •

• ①

• ②

• ③

• ④

2. 대화를 잘 듣고 질문에 답하세요.
Listen to the conversation and answer the questions.

Track 63

1) 손님은 몇 명이에요? How many customers are there?　　　　　　　　(　　　) 명

2) 뭘 주문했어요? 고르세요. What was ordered? Choose the correct picture.

① 　　② 　　③

새 단어
New Vocabulary　　명 unit noun for counting person

정답 | 1. 1) ①　3) ④　2) ②　눈 | 2. 1) 2명 2) ②

뭘 먹고 싶어요? 뭘 마시고 싶어요? 원하는 것을 주문해 보세요.
What would you like to have? Order the items you want to have.

메뉴
● p. 141

1. 세 명이 한 팀이 되어 한 사람은 직원, 나머지 두 사람은 손님 역할을 맡으세요.
Form a team of three people. One person plays the role of an employee and the other two are customers.

직원   손님   손님

직원 역할을 맡은 학생은 세 식당의 메뉴 중에서 하나를 고르세요.
For students who are playing the role of the employee, choose one of the three menus.

2. 손님 역할을 맡은 학생들은 직원이 주는 메뉴를 보고 원하는 것을 주문하세요.
그리고 직원 역할을 맡은 학생은 친구들이 주문하는 것을 주문서에 써 보세요.
Students in the customer role look at the menu and order what you want.
The student in the role of the employee, please write down the guests' order.

어서 오세요. 뭐 드릴까요?

와인 한 병하고 …

주문서	메뉴	수량	
	와인	1	

3. 역할을 바꿔서 이야기해 보세요. Change roles.

1. 다음은 식당에서 손님과 직원이 나누는 대화입니다. 잘 읽고 질문에 답하세요.

Below is a conversation between a restaurant employee and a customer. Read it and answer the questions.

> 4. 어서 오세요. 뭐 드릴까요?
>
> 5. 네, 잠깐만 기다리세요.
>
> 6. 네, 치즈 피자하고 불고기 피자가 있어요.
>
> 1. 피자가 있어요?
>
> 3. 그럼 불고기 피자 하나하고 사이다 두 잔 주세요.
>
> 2. 여기요. 사이다 하나 더 주세요.

1) 문장들을 순서에 맞게 배열해 보세요. Arrange the sentences in order.

(**4**) – (　　) – (　　) – (　　) – (**5**) – (　　)

2) 손님은 무엇을 주문했어요? 손님의 주문서를 고르세요.

What did the customer order? Select the customer's order pad.

①

주문서	
메뉴	수량
치즈 피자	1
불고기 피자	1
사이다	2

②

주문서	
메뉴	수량
치즈 피자	2
사이다	2

③

주문서	
메뉴	수량
불고기 피자	1
사이다	3

2. 아래에서 원하는 메뉴를 골라서 주문서를 작성해 보세요. 그리고 주문해 보세요.

Fill out your order using the order pad. Then, practice ordering.

주문서			
	메뉴	수량	
	김치 김밥		
	불고기 김밥		
	치즈 김밥		
	콜라	캔	병
	사이다	캔	병

정답 | 1. 1) (4)-(1)-(6)-(3)-(5)-(2) 　2. ③

새 단어 New Vocabulary	치즈 cheese　캔 can

1과 오렌지 주스 주세요
Please give me some orange juice

☐ 메뉴	menu item
☐ 커피	coffee
☐ 아메리카노	americano
☐ 카페 라테	caffè latte
☐ 아이스커피	ice coffee
☐ 차	tea
☐ 홍차	black tea
☐ 녹차	green tea
☐ 유자차	citrus tea
☐ 주스	juice
☐ 오렌지 주스	orange juice
☐ 토마토 주스	tomato juice
☐ 포도 주스	grape juice
☐ 사과 주스	apple juice
☐ 빵	bread
☐ 케이크	cake
☐ 쿠키	cookie
☐ 샌드위치	sandwich
☐ 샐러드	salad

2과 비빔밥하고 콜라 한 병 주세요
Please give me bibimbap and a bottle of cola

☐ 음식	food
☐ 비빔밥	bibimbap
☐ 불고기	bulgogi
☐ 냉면	naengmyeon
☐ 김치	kimchi
☐ 밥	rice
☐ 김밥	gimbap
☐ 떡볶이	tteokbokki
☐ 라면	instant noodles
☐ 햄버거	hamburger
☐ 피자	pizza
☐ 스파게티	spaghetti
☐ 음료	beverage
☐ 콜라	cola
☐ 사이다	Sprite, 7up
☐ 술	alcoholic beverage
☐ 소주	soju
☐ 맥주	beer

6 **일상생활**
Daily Life

1과 지금 뭐 해요?
What are you doing?

- 현재형으로 동작 표현하기
  Expressing an action in the present tense
- 동작의 목적어 표현하기
  Expressing the object of an action

---

1. 아래 어휘들이 가리키는 것을 다음 그림에서 찾아보세요.
Find the following words in the picture below.

어휘 Vocabulary

자다	_____	배우다	_____	운동하다	_____
사다	_____	마시다	_____	공부하다	_____
읽다	1	일하다	_____	노래하다	_____
보다	_____	좋아하다	_____	이야기하다	_____
먹다	_____	전화하다	_____		
만나다	_____	가르치다	_____		

2. 그림을 보고 [보기] 와 같이 연습해 보세요.

Look at the pictures and practice with your partner as shown in the example.

보기

일하다   만나다

Track 64

A 지금 뭐 해요?
B 공부해요.

A: What are you doing now?
B: I'm studying.

그림을 보고 보기 와 같이 친구들과 이야기해 보세요.
Create dialogues with your partner as shown in the example.

보기

양양 씨는 지금 뭐 해요?

운동해요.

양양

운동하다

1) 민준 — 공부하다
2) 에밀리 — 자다
3) 로렌 — 일하다
4) 다쿠야 — 쉬다
5) 에바하고 기욤 — 노래하다

🔍 V–아요/어요

'–아요/어요' is a sentence ending which is used in conjunction with the verb to ask and answer questions about current actions in an informal context. It can also be used when talking about the near future.

투이 씨는 친구를 만나요.
케빈 씨는 지금 공부해요.

A: 유카 씨, 지금 뭐 해요?
B: 커피를 마셔요.

새 단어
New Vocabulary
지금 now, at this moment   하다 to do

6-1. 지금 뭐 해요? **81**

Track 65

A 오늘 뭐 해요?
B 영화를 봐요.

A: What are you doing today?
B: I'm watching a movie.

보기 와 같이 친구들과 이야기해 보세요. Create dialogues with your partner as shown in the example.

보기

지금 뭐 해요?   책을 읽어요.

김밥   신문   한국어   꽃   맥주   피자

텔레비전   영어   책   영화   모자   물

을   를

먹다   보다   사다   읽다   마시다   배우다

🔍 N을/를

'을/를' is attached to a noun and indicates that the noun is the object of the verb. It can be omitted when speaking.

A: 지금 뭐 해요?   A: 양양 씨, 뭐를 먹어요?
B: 한국어를 공부해요.   B: 김밥을 먹어요.

When speaking, '뭐를' and '누구를' are contracted to '뭘', '누굴'.

A: 뭘 좋아해요?
B: 책을 좋아해요.

뭐를 → 뭘
누구를 → 누굴

새 단어
New Vocabulary

오늘 today   신문 newspaper   꽃 flower   텔레비전 television   영어 English   영화 movie

Track 66

Thuy: Kevin, what are you doing now?
Kevin: I'm exercising. What are you doing, Thuy?
Thuy: I'm with my friend.
Kevin: What are you doing with your friend?
Thuy: We're eating gimbap. My friend and I like gimbap.

투이 케빈 씨, 지금 뭐 해요?

케빈 운동해요. 투이 씨는 지금 뭐 해요?

투이 친구를 만나요.

케빈 친구하고 뭐 해요?

투이 같이 김밥을 먹어요.

　　　친구하고 저는 김밥을 좋아해요.

N하고 (같이)

어떤 일을 함께하는 사람을 나타낼 때 'N하고 (같이)'를 사용한다. '같이'는 생략할 수 있다.

Use 'N하고 (같이)' to indicate that someone is doing something with someone else. '같이' can be omitted.

친구하고 (같이) 이야기해요.　　　✱같이 [가치]

A: 누구하고 영화를 봐요?

B: 올리버 씨하고 (같이) 봐요.

 다음 그림을 보고 친구와 이야기해 보세요.

Create conversations for the following pictures with your partner.

1)

운동하다 / 김밥 / 먹다

2)

요리하다 / 드라마 / 보다

3)

책 / 읽다 / 맥주 / 마시다

4)

쉬다 / 쇼핑 / 하다

1. 잘 듣고 맞는 그림에 번호를 쓰세요.

Listen to the conversations and write the corresponding number with the correct picture.

Track 67

(   )   (   )   (   )   (   )

2. 대화를 잘 듣고 질문에 답하세요.

Listen to the conversation and answer the questions.

Track 68

1) 남자는 지금 뭐 해요? What is the man doing now?

①    ②    ③

2) 여자는 지금 뭐를 먹어요? What is the woman eating now?

①    ②    ③

정답 | 1. ④, ①, ③, ②   2. 1) ① 2) ②

💬 동작 맞히기 게임을 해 보세요. 더 빨리 모든 문장을 맞히는 팀이 이기는 게임이에요.
Play a miming game. The team that guesses all of the sentences correctly first wins.

1. 반 전체를 A팀과 B팀으로 나누세요. 그리고 선생님께 카드 10장을 받으세요. 팀별로 같이 생각해서 카드 10장에 각각 문장을 하나씩 쓰세요. 그리고 카드를 선생님께 드리세요.
Divide the class in half forming two teams, A and B. Next, receive 10 cards from the teacher. Think together and create a sentence on each card. Then, give the cards to the teacher.

2. 선생님은 A팀의 카드를 B팀에게, B팀의 카드를 A팀에게 주세요. 여러분은 선생님께 받은 카드를 나눠 가지세요.
The teacher will give team A's cards to team B, and team B's cards to team A. Share the cards you received from the teacher.

3. 받은 카드의 문장을 한 명씩 몸짓으로 표현하고, 다른 팀원들은 무슨 문장인지 맞혀 보세요. 더 빨리 모든 문장을 맞힌 팀이 이깁니다.
One person at a time, use body language to describe the sentences on each card. The rest of the team members will guess the sentence. The team that says all of the sentences correctly first wins the game.

6 일상생활
Daily Life

2과 어디에 가요?
Where do you go?

• 이동의 목적지 표현하기
Expressing destination of movement
• 행동이 일어나는 장소 표현하기
Expressing where actions occur

1. 여기는 어디예요? 번호를 쓰고 보기 와 같이 친구와 이야기해 보세요.
What is this place? Write the numbers for the places, as shown in the example, and talk about them with your partner.

보기

여기는 백화점이에요.

여기는 어디예요?

저기는 어디예요?

저기는 극장이에요.

어휘 Vocabulary

여기	학교	5	공원		식당		커피숍	
저기	시장		회사		백화점		대사관	
거기	병원		공항		도서관		화장실	
어디	서점		은행		집		극장	

핵심 표현 Key Expression ❶ | N에 가다/오다

Track 69

A 어디에 가요?

B 학교에 가요.

A: Where are you going?

B: I'm going to school.

 보기 와 같이 친구와 이야기해 보세요.

Create dialogues with your partner as shown in the example.

보기

어디에 가요?

극장에 가요.

공항에 가요.

1)

2)

3)

4)

🔍 N에 가다/오다

'N에 가다/오다' is used to express that the subject of the sentence is going/coming to the noun, which is a place. '가다' is used to express that the subject of the sentence, is going away from current location. On the other hand, '오다' is used by the speaker to indicate that the subject of the sentence is coming to the place where the speaker is at.

저는 지금 학교에 가요.

제 친구는 오늘 한국에 와요.

지우 씨는 어디에 가요?

커피숍에 가요.

Track 70

A 도서관에서 뭐 해요?
B 도서관에서 숙제를 해요.

A: What do you do at the library?
B: I do homework at the library.

어디에서 무엇을 해요? 보기 와 같이 친구들과 이야기해 보세요.
What do you do at each place? Create dialogues with your partner as shown in the example.

보기

공원에서 뭐 해요?　　공원에서 친구를 만나요.

1)

2)

3)

4)

5)

6)

사다
보다
먹다
읽다
마시다
만나다
공부하다
요리하다
...

🔍 N에서

'N에서' is used in conjunction with a noun to indicate where an action takes place.

저는 회사에서 일해요.　　　　　　　　A: 어디에서 밥을 먹어요?
양양 씨는 집에서 책을 읽어요.　　　　　B: 식당에서 먹어요.

새 단어
New Vocabulary　　숙제를 하다 to do homework

말하기 Speaking

Kevin: Tingting, where are you going?
Tingting: I'm going to a restaurant. I'm going
    to eat with my friends.
Kevin: Oh, really?
Tingting: What are you going to do today, Kevin?
Kevin: I'm going to rest at home.

케빈 팅팅 씨, 어디에 가요?

팅팅 식당에 가요. 식당에서 친구하고 밥을 먹어요.

케빈 아, 그래요?

팅팅 케빈 씨는 오늘 뭐 해요?

케빈 저는 집에서 쉬어요.

💬 그림을 보고 친구와 이야기해 보세요.
Create conversations for the following pictures with your partner.

1)　　　　　　　2)　　　　　　　3)　　　　　　　4)

1. 여자가 어디에 가요? 잘 듣고 알맞은 그림을 찾아 연결하세요.
Listen to the conversations and connect the correct location in which the woman is going.

Track 72

1) •　　　　　2) •　　　　　3) •　　　　　4) •

① 　② 　③ 　④ 　⑤

2. 대화를 잘 듣고 질문에 답하세요.
Listen to the conversation and answer the questions.

Track 73

1) 남자는 어디에서 책을 읽어요? Where is the man reading a book?

① 　② 　③

2) 여자는 오늘 뭐 해요? What is the woman doing today?

① 　② 　③

정답 | 1. 1) ② 2) ⑤ 3) ① 4) ③ 2. 1) ③ 2) ②

과제 Tasks and Activities

친구들과 카드 게임을 해 봅시다.
Play a card game with your classmates.

 장소 카드
➕ p. 142

1. 세 명씩 팀을 만드세요. 그리고 장소 카드를 받아서 그림이 보이지 않게 책상 가운데에 놓으세요. 그리고 한 사람이 가장 위에 놓인 장소 카드를 한 장 뒤집으세요.

Form teams of three people, and receive some location cards. Turn them face down and stack them in the center of the desk. Then, the first person flips the top card.

2. 카드를 뒤집은 사람은 카드에 그려진 장소에서 무엇을 하는지 문장을 하나 이야기하세요. 다음 친구는 그 친구의 문장을 똑같이 이야기한 후에 다른 문장을 하나 더 만드세요.

The person who turned the card over says a sentence about what they do at the place pictured on the card. The next person repeats the sentence that the person(s) before them said and adds a new sentence.

학교에서 친구를 만나요.

학교에서 친구를 만나요. 그리고 한국어를 배워요.

학교에서 친구를 만나요. 그리고 한국어를 배워요. 그리고 …

3. 중간에 친구가 말한 문장을 순서대로 모두 말하지 못하거나 새 문장을 만들지 못하면 그 전 친구가 장소 카드를 가지고 가세요. 그리고 이야기하는 순서를 바꿔서 새 게임을 시작하세요. 가장 많은 카드를 가진 친구가 이깁니다. If at any point someone doesn't repeat exactly what the people before them said or can't make a new sentence, then the person before them keeps the card. If that happens, then start a new game by changing the order of taking turns. The person with the most cards wins the game.

그리고 … 그리고 … ?

1. 다음을 읽고 친구들이 뭐 하는지 맞는 그림을 찾아 연결하세요.
Read the following passage and connect the names to the correct picture.

> 케빈 씨는 선생님이에요. 매일 학교에서 영어를 가르쳐요.
>
> 투이 씨는 한국 드라마를 좋아해요. 매일 집에서 드라마를 봐요.
>
> 다쿠야 씨는 영화를 좋아해요. 그래서 자주 극장에 가요.
>
> 에밀리 씨는 오늘 태권도를 배워요. 그리고 수영을 해요. 에밀리 씨는 운동을 좋아해요.
>
> 팅팅 씨는 지금 커피숍에 가요. 커피숍에서 한국 친구를 만나요. 그 친구하고 커피를 마셔요.
> 그리고 한국어로 이야기해요.

1) 케빈   2) 투이   3) 다쿠야   4) 에밀리   5) 팅팅

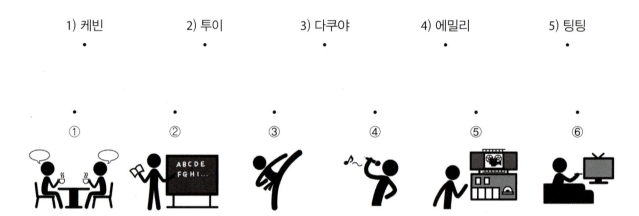

①   ②   ③   ④   ⑤   ⑥

2. 여러분의 친구들은 뭐를 좋아해요? 오늘 뭐 해요? 친구들에 대해 써 보세요.
What do your friends like doing? What are they doing today? Write about your friends.

새 단어
New Vocabulary   매일 every day   그래서 so, therefore   자주 often   수영 swimming

정답 | 1. 1) ② 2) ⑥ 3) ⑤ 4) ③ 5) ①

1과 지금 뭐 해요?
What are you doing?

☐ 자다   to sleep

☐ 배우다   to learn

☐ 운동하다   to exercise

☐ 사다   to buy

☐ 마시다   to drink

☐ 공부하다   to study

☐ 읽다   to read

☐ 일하다   to work

☐ 노래하다   to sing

☐ 보다   to look, to see

☐ 좋아하다   to like (something)

☐ 이야기하다   to talk

☐ 먹다   to eat

☐ 전화하다   to call (someone)

☐ 만나다   to meet

☐ 가르치다   to teach

2과 어디에 가요?
Where do you go?

☐ 여기   here

☐ 저기   over there

☐ 거기   there

☐ 어디   where

☐ 학교   school

☐ 공원   park

☐ 식당   restaurant

☐ 커피숍   coffee shop

☐ 시장   market

☐ 회사   office, company

☐ 백화점   department store

☐ 대사관   embassy

☐ 병원   hospital

☐ 공항   airport

☐ 도서관   library

☐ 화장실   restroom

☐ 서점   bookstore

☐ 은행   bank

☐ 집   house, home

☐ 극장   theater

1과 뭐가 맛있어요?
What tastes delicious?

- 묘사하기 Describing
- 부정 표현하기 Expressing negatives
- 물건 사기 Buying things

1. 여기는 어디예요? 뭐가 있어요? 그림을 보면서 아래 단어들의 의미를 확인해 보세요.

What is this place? What's there? Check out the meanings of the words below.

어휘 Vocabulary

싸다	따뜻하다	맛있다	재미있다	많다	복잡하다
비싸다	시원하다	맛없다	재미없다	좋다	친절하다

Track 74

A 과자가 맛있어요?
B 네, 맛있어요.

A: Do the chips taste delicious?
B: Yeah, they're delicious.

💬 오른쪽 박스의 단어들을 사용해서 보기 와 같이 친구들과 이야기해 보세요.
Create dialogues for the right box with your partners as shown in the example.

보기

뭐가 맛있어요?

콜라가 맛있어요.

김밥이 맛있어요.

뭐가 맛있어요?　　뭐가 재미있어요?

뭐가 비싸요?　　뭐가 시원해요?

어디가 복잡해요?　　…

💡
뭐 + 가 → 뭐가
어디 + 가 → 어디가
★ 누구 + 가 → 누가

차　　비빔밥　　노트북

한국어　　콜라　　책

김밥　　옷　　길

영화　　커피　　지하철역

…

🔍 N이/가 A−아요/어요

'N이/가 A−아요/어요' is used to describe the present state or characteristic of a noun. '이/가' is a subject particle that is used together with 'A−아요/어요'.

컴퓨터가 비싸요.　　　　　　　　A: 뭐가 재미있어요?
선생님이 친절해요.　　　　　　　B: 이 책이 재미있어요.

새 단어
New Vocabulary　　과자 snacks　　옷 clothes　　길 road　　지하철역 subway station

Track 75

A 과자가 비싸요?
B 아니요, 안 비싸요.

A: Are the chips expensive?
B: No, they're not expensive.

A 고기를 먹어요?
B 아니요, 안 먹어요.

A: Do you eat meat?
B: No, I don't.

❓에 들어갈 단어를 하나씩 고르세요. 그리고 보기 와 같이 친구와 이야기해 보세요.
Choose one of the words from each list and create dialogues with your partner as shown in the example.

1) 오늘 ❓ 에 가다   백화점 / 공원 / 집 / 극장 / 시장 / 대사관 / 화장실 / 은행 …

2) 오늘 ❓ 을/를 사다   과자 / 꽃 / 고기 / 커피 / 우산 / 옷 / 공책 / 맥주 …

3) 오늘 ❓ 하고 전화하다   케빈 씨 / 팅팅 씨 / 다쿠야 씨 / 로렌 씨 / _____ 씨 …

4) ❓ 이/가 좋다   컴퓨터 / 책상 / 볼펜 / 카메라 / 옷 / 휴대폰 / 노트북 / 시계 …

보기

오늘 극장에 가요?
오늘 공원에 가요?
오늘 시장에 가요?

아니요, 극장에 안 가요.
아니요, 공원에 안 가요.
네, 시장에 가요.

/ 공원 / 집 / 극장 / (시장) /
/ (꽃) / 고기 / 커피 / 우산 /
빈 씨 / 팅팅 씨 / 다쿠야 씨 /
책상 / 볼펜 / 카메라 / 옷 /

🔍 안 A/V

'안' is used in front of verbs and adjectives to make negative statements.

모자가 **안** 비싸요.

A: 길이 복잡해요?
B: 아니요, **안** 복잡해요.

저는 오늘 학교에 **안** 가요.

A: 지금 운동해요?
B: 아니요, 운동 **안** 해요.

새 단어
New Vocabulary   고기 meat

Track 76

Employee: Hello sir. The meat today is good.
   Please buy some.
Oliver: Is the meat expensive?
Employee: No, it's not expensive. It's really cheap.
Oliver: Oh, really? Which one tastes delicious?
Employee: This one tastes good.
Oliver: Aright, please give me that one then.
Employee: Sure, here you are. Please come again.

직원 손님, 오늘 고기가 좋아요. 고기 사세요.

올리버 고기가 비싸요?

직원 아니요, 안 비싸요. 진짜 싸요.

올리버 아, 그래요? 뭐가 맛있어요?

직원 이 고기가 맛있어요.

올리버 그럼, 그거 주세요.

직원 네, 여기 있어요. 또 오세요.

소고기
돼지고기
닭고기
양고기

 다음 그림을 보고 친구와 이야기해 보세요.
Create conversations for the following pictures with your partner.

1)　　고기

2)　　생선

3) 사과

4) 감자

새 단어 New Vocabulary	진짜 really, very　또 again　생선 fish　감자 potato　소고기 beef　돼지고기 pork　닭고기 chicken 양고기 mutton, lamb

1. 잘 듣고 알맞은 그림을 고르세요.
Choose the correct answer from the pictures below.

Track 77

1)

① ☐   ② ☐

2)
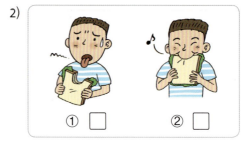
① ☐   ② ☐

3)

① ☐   ② ☐

4)

① ☐   ② ☐

Track 78

2. 대화를 잘 듣고 질문에 답하세요.
Listen to the conversation and answer the questions.

1) 여자는 뭘 사려고 해요? What is the woman going to buy?

①   ②   ③

2) 여자는 오늘 뭐 해요? What is the woman doing today?

①   ②   ③

정답 | 1. 1) ② 2) ① 3) ② 4) ② 2. 1) ② 2) ③

💬 **친구들을 인터뷰해 보세요.** Interview your classmates.

인터뷰지
➡ p. 143

1. 아래의 인터뷰 질문을 읽어 보고 빈칸에 여러분이 질문을 만들어 써 보세요.
Read the interview questions below, and add two more questions of your own in the blanks.

질문	이름		
	에바	양양	
커피를 마셔요?	O	X	
운동을 좋아해요?			
생선을 먹어요?			
일본어를 공부해요?			

2. 모두 일어나세요. 그리고 친구를 만나서 질문해 보세요.
Everybody stand up. Then, find someone to interview.

커피를 마셔요?

네, 마셔요.

아니요, 안 마셔요.

3. 친구의 답을 듣고 빈칸에 써 보세요. 그리고 자리로 돌아와 짝하고 이야기해 보세요.
Write their responses in the blanks. Then, return to your seat and talk with your partner about what you wrote.

에바 씨는
커피를 마셔요.

로렌 씨는
커피를 안 마셔요.

| 새 단어 New Vocabulary | 일본어 Japanese language |

7 쇼핑
Shopping

2과 얼마예요?
How much is it?

• 가격 묻고 답하기
Asking and answering about prices
• 물건 사기
Buying things

1. 슈퍼마켓에 있는 여러 물건의 이름을 알아보세요.
Find out the names of various items at the supermarket.

감자	2	바나나	___	칫솔	___
오이	___	딸기	___	비누	___
당근	___	귤	___	치약	___
달걀	___	수박	___	샴푸	___

2. 보기 와 같이 친구와 이야기해 보세요.
Create dialogues with your partner as shown in the example.

보기

이거는 뭐예요?

이거는 당근이에요.

핵심 표현 Key Expression ❶ | N도

Track 79

A 이 사과 맛있어요?
B 네, 맛있어요.
　요즘 귤도 아주 맛있어요.

A: Is this apple delicious?
B: Yes, it tastes delicious. Mandarine oranges are also really good these days.

보기 와 같이 친구와 이야기해 보세요.
Create dialogues with your partner as shown in the example.

보기

뭐 드릴까요?

빵 하나 주세요.
그리고 물도 한 병 주세요.

1) 케이크　커피

2) 비빔밥　냉면

3) 공책　볼펜

4) 오이　감자

🔍 **N도**

'도' is used to indicate something is the same as or similar to another.

저는 학생이에요. 양양 씨도 학생이에요.
사과가 맛있어요. 귤도 맛있어요.

A: 저는 커피를 좋아해요. 유카 씨도 커피를 좋아해요?
B: 네, 저도 커피를 좋아해요.

새 단어
New Vocabulary　　요즘 these days　아주 very

Track 80

A 이 사과는 얼마예요?
B 천 원이에요.

A: How much is this apple?
B: Apples are 1,000 won each.

 보기 와 같이 친구와 이야기해 보세요.
Create dialogues with your partner as shown in the example.

보기

주스는 얼마예요?   주스 ₩3,000   삼천 원이에요.

1) 오이 ₩960

2) 맥주 ₩4,600

3) 냉면 ₩8,000

4) 치약 ₩3,150

5) 사과 ₩15,700

6) 달걀 ₩1,980

7) 귤 ₩22,000

🔍 수 2(일, 십, 백, 천, …)

When talking about prices, use the following number system.

1	2	3	4	5	6	7	8	9	10	11	12	13	14	15	16	17	18	19	20
일	이	삼	사	오	육	칠	팔	구	십	십일	십이	십삼	십사	십오	십육	십칠	십팔	십구	이십

30	40	50	60	70	80	90	100	1,000	10,000	100,000	1,000,000
삼십	사십	오십	육십	칠십	팔십	구십	백	천	만	십만	백만

이 비누는 **구백** 원이에요.   A: 이 가방은 얼마예요?
그 포도는 **팔천** 원이에요.   B: **삼만 오천** 원이에요.

새 단어
New Vocabulary   얼마 how much   원 won (Korean currency)

Track 81

Employee: Welcome.
Takuya: Hello. Give me a box of mandarine oranges, please.
Employee: Yes. Apples are really delicious these days, too.
Takuya: Is that so? How much are they?
Employee: They're 1,500 won each.
Takuya: Hmm… Then give me three, please. How much is everything?
Employee: It's 14,500 won. Thank you.

직원   어서 오세요.

다쿠야 안녕하세요? 귤 한 박스 주세요.

직원   네, 손님. 요즘 사과도 아주 맛있어요.

다쿠야 그래요? 사과는 얼마예요?

직원   한 개에 1,500원이에요.

다쿠야 음… 그럼 사과도 세 개 주세요. 모두 얼마예요?

직원   14,500원이에요. 고맙습니다.

> 셈이나 가격의 기준이 되는 단위를 말할 때 'N에'를 사용한다.
>
> 'N에' is used to refer to the unit of measure in which the calculation or price of each item is based on.
>
> A: 사과 한 개에 얼마예요?
> B: 한 개에 천 원이에요.

 다음 그림을 보고 친구와 이야기해 보세요.

Create conversations for the following pictures with your partner.

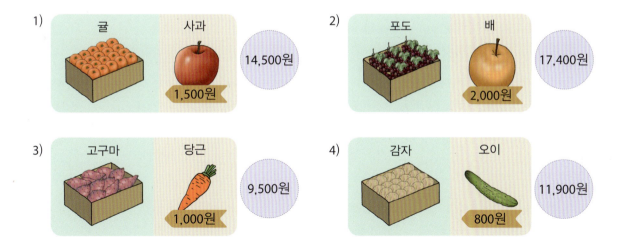

1) 귤 / 사과 1,500원 / 14,500원

2) 포도 / 배 2,000원 / 17,400원

3) 고구마 / 당근 1,000원 / 9,500원

4) 감자 / 오이 800원 / 11,900원

1. 잘 듣고 알맞은 가격을 찾아 연결하세요.
Listen to the conversations and connect the item to the correct price.

Track 82

1)  •

2)  •

3)  •

4)  •

• ① ₩2,500

• ② ₩1,500

• ③ ₩90,000

• ④ ₩5,900

• ⑤ ₩19,000

2. 대화를 잘 듣고 질문에 답하세요.
Listen to the conversation and answer the questions.

Track 83

1) 여자는 뭘 샀어요? What did the woman buy?

①    ②    ③

2) 모두 얼마예요? How much is everything?

 원

💬 한국어로 물건을 사고팔아 보세요. Buy and sell items in Korean.

활동 카드
➔ p. 144, 145, 146

1. 활동 카드를 뽑으세요. 가게 카드를 뽑은 사람은 가게 주인 역할을 하고, 쇼핑 목록을 뽑은 사람은 손님 역할을 하세요. Pick role cards. The person who picked the store card plays the role of the store owner, and the person who picked the shopping list card plays the role of the customer.

2. 가게 카드를 뽑은 사람은 선생님께 물건 카드를 받으세요. 그리고 그 물건들의 가격을 정해서 쓰세요. 쇼핑 목록을 뽑은 사람은 선생님께 돈 카드를 받으세요. 받은 돈만큼만 물건을 살 수 있어요. The person who picked the store card receives cards with items on them from the teacher. Then decide how each item costs and write the price on each card. The person who picked the shopping list receives money cards from the teacher. You can only buy as much worth of items equal to the money you received from the teacher.

3. 모든 준비가 끝나면 가게 주인은 물건을 팔고, 손님은 쇼핑 목록의 물건을 사세요. 가지고 있는 돈을 사용해서 물건을 가장 많이 산 손님과 가장 많은 돈을 번 가게 주인이 이겨요. When everyone is ready, store owners begin selling and customers begin buying items on your shopping list. Using the money that you have, the customer that buys the most items and the store owner that earns the most money win the game.

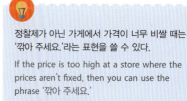

정찰제가 아닌 가게에서 가격이 너무 비쌀 때는 '깎아 주세요.'라는 표현을 쓸 수 있다.

If the price is too high at a store where the prices aren't fixed, then you can use the phrase '깎아 주세요.'

A: 당근이 얼마예요?
B: 1,200원이에요.
A: 너무 비싸요. 좀 깎아 주세요.
B: 그럼 1,000원 주세요.

> 너무 비싸요. 좀 깎아 주세요.

1. 다음을 읽고 질문에 답하세요. Read the following text messages and answer the questions.

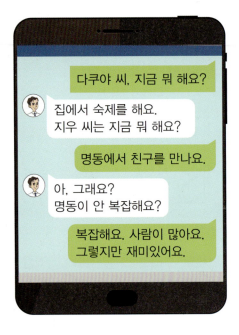
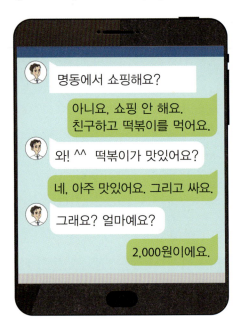

1) 지우 씨는 지금 어디에서 뭐 해요? Where is Jiwoo and what is she doing now?

①    ②    ③

2) 읽은 내용과 같으면 ○, 다르면 ×표 하세요.

If the sentence is the same as what you read above, then write ○. If not, then write ×.

① 다쿠야는 숙제가 없어요.   (   )
② 명동이 복잡해요.   (   )
③ 떡볶이가 아주 비싸요.   (   )

2. 여러분은 지금 쇼핑을 하고 있습니다. 친구와 문자로 이야기해 보세요.
You are shopping now. Practice texting about it with your partner.

새 단어
New Vocabulary   명동 Myeong-dong   그렇지만 but, though   와 Wow

1과 뭐가 맛있어요?
What tastes delicious?

☐ 싸다   to be cheap

☐ 비싸다   to be expensive

☐ 따뜻하다   to be warm

☐ 시원하다   to be (refreshing) cool

☐ 맛있다   to be delicious

☐ 맛없다   to not be delicious

☐ 재미있다   to be fun

☐ 재미없다   to not be fun

☐ 많다   to be many, much

☐ 좋다   to be good

☐ 복잡하다   to be crowded, to be complicated

☐ 친절하다   to be kind

2과 얼마예요?
How much is it?

☐ 감자   potato

☐ 오이   cucumber

☐ 당근   carrot

☐ 달걀   egg

☐ 바나나   banana

☐ 딸기   strawberry

☐ 귤   mandarine oranges

☐ 수박   watermelon

☐ 칫솔   toothbrush

☐ 비누   soap

☐ 치약   toothpaste

☐ 샴푸   shampoo

1과 지금 몇 시예요?
What time is it now?

- 시간 묻고 답하기
  Asking and answering about time
- 요일 묻고 답하기
  Asking and answering about days of the week

1. 그림을 보면서 친구와 같이 시간과 요일을 말해 보세요.
Look at the following pictures and talk about what time it is with your partner.

어휘 Vocabulary						
오전	오후	월요일	화요일	수요일	목요일	금요일
시	분 반	토요일	일요일	무슨	요일	주말

Track 84

A 몇 시에 자요?

B 12시에 자요.

A: What time do you go to sleep?

B: I go to sleep at 12 a.m.

A 무슨 요일에 한국어를 배워요?

B 수요일에 배워요.

A: Which days of the week do you study Korean?

B: I study on Wednesdays.

 그림을 보고 보기 와 같이 친구들과 이야기해 보세요.

Create dialogues with your partners as shown in the example.

보기

민준 씨는 몇 시에 친구를 만나요?

네 시에 친구를 만나요.

민준 씨는 무슨 요일에 운동을 해요?

수요일에 운동을 해요.

	1) 민준	2) 에밀리	3) 기욤	4) 에바	5)
____ 씨는 몇 시에 친구를 만나요?	(clock)	12:30	(watch)	06:20	
____ 씨는 무슨 요일에 운동을 해요?	WEDNESDAY 수요일	SATURDAY 토요일	SUNDAY 일요일	MONDAY 월요일	

🔍 N에

'에' is attached to the end of a time noun and it indicates when an action or event occurred. It can be used with a time, a date, a day of the week, or a specific day.

저는 8시 30분에 학교에 와요.

토요일에 친구를 만나요.

생일에 파티를 해요.

A: 언제 일본에 가요?

B: 일요일에 가요.

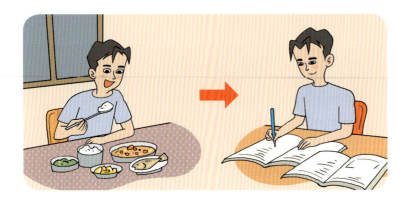

Track 85

A 저녁에 보통 뭐 해요?
B 저녁을 먹고 숙제를 해요.

A: What do you usually do in the evenings?
B: I eat dinner and do homework.

 보기 와 같이 친구들과 이야기해 보세요.
Create dialogues with your partners as shown in the example.

'아침, 점심, 저녁'은 아침, 점심, 저녁때에 먹는 끼니나 식사의 의미도 갖는다.
'아침, 점심, 저녁' can mean breakfast, lunch, dinner, or can also refer to morning time, lunchtime, evening time.

저는 아침을 안 먹어요.
보통 1시에 점심을 먹어요.
A: 저녁 먹었어요?
B: 네, 먹었어요.

보기

아침에 뭐 해요? 커피를 마시고 회사에 가요.

보기 | 아침

커피를 마시다   회사에 가다

1) 점심
밥을 먹다   차를 마시다

2) 저녁
친구를 만나다   집에 가다

3) 오전

청소하다   텔레비전을 보다

4) 오후
운동하다   샤워하다

5)

🔍 V-고

'-고' is used in conjunction with verbs to connect two events in chronological order.
케빈 씨는 운동하고 샤워해요. | 저는 아침에 밥을 먹고 학교에 가요.

새 단어
New Vocabulary
저녁 evening, dinner   보통 usually   아침 morning, breakfast   점심 lunchtime, lunch   청소하다 to clean
샤워하다 to shower

Track 86

Guillaume: Emily, what do you do in the evenings?
Emily: I have dinner and learn taekwondo.
Guillaume: Do you learn taekwondo every day?
Emily: No, I take lessons on Tuesdays and Fridays.
Guillaume: Well then what time do you go home?
Emily: I head home around 8 o'clock.
　　　　Then, I shower and go to bed.

기욤　　에밀리 씨, 저녁에 뭐 해요?

에밀리　저녁을 먹고 태권도를 배워요.

기욤　　매일 태권도를 배워요?

에밀리　아니요, 화요일하고 금요일에 배워요.

기욤　　그럼 집에 몇 시에 가요?

에밀리　8시쯤에 가요. 그리고 샤워하고 자요.

그림을 보고 친구와 이야기해 보세요.
Create conversations for the following pictures with your partner.

1) 태권도
화요일, 금요일

2) 한국어
월요일, 목요일

3) 수영
수요일, 토요일

4) 요가
금요일, 일요일

샤워하다

숙제를 하다

드라마를 보다

남자 친구하고
전화하다

새 단어
New Vocabulary　　쯤 around, about　　요가 yoga

1. 잘 듣고 빈칸에 알맞은 시간을 쓰세요.

Listen to the conversations and write the correct times in the blanks.

Track 87

1) 지금은 ☐시 ☐분이에요.　　2) 지금은 ☐시 ☐분이에요.

3) 여자는 보통 ☐시 ☐분에 자요.　　4) 남자는 ☐시 ☐분에 밥을 먹어요.

2. 잘 듣고 질문에 답하세요.

Listen to the conversation and answer the questions.

Track 88

1) 남자가 무엇을 하는지 모두 고르세요. Choose all of the activities that the man does.

2) 남자가 무엇을 언제 하는지 위에서 번호를 찾아 아래 다이어리에 써 보세요.

Write down the numbers in the diary below to show what and when the man does the activities.

월	화	수	목	금	토 / 일

정답 | 1. 1) 9, 10 2) 5, 45 3) 11, 20 4) 12, 30　　2. 1) ①, ③, ④, ⑤, ⑥, ⑧ 2) 월: ⑧, 화: ①, 수: ④, 목: ⑥, 금: ③, 토/일: ⑤

친구들을 인터뷰해 보세요. Interview your classmates.

1. 아래의 표를 보세요. 일상생활에 대한 질문을 잘 읽고 자신의 답을 작성해 보세요.
Look at the list below. Read the questions about daily life, and check the answers that apply to you.

2. 친구를 만나서 서로 묻고 대답해 보세요.
Find a partner and practice asking and answering the questions.

보통 7시쯤에 일어나요?

네 ☑ 아니요 ☐

네,
보통 7시쯤에 일어나요.

아니요,
보통 9시쯤에 일어나요.

네 ☐ 아니요 ☑

질문	나		친구 1		친구 2	
	네	아니요	네	아니요	네	아니요
7시쯤에 일어나요?	☐	☐	☐	☐	☐	☐
밥을 먹고 학교에 와요?	☐	☐	☐	☐	☐	☐
아침에 텔레비전을 봐요?	☐	☐	☐	☐	☐	☐
밤에 샤워해요?	☐	☐	☐	☐	☐	☐
토요일에 보통 친구를 만나요?	☐	☐	☐	☐	☐	☐
11시쯤에 자요?	☐	☐	☐	☐	☐	☐
주말에 청소해요?	☐	☐	☐	☐	☐	☐
월요일 오전에 한국어를 배워요?	☐	☐	☐	☐	☐	☐
세수하고 이를 닦아요?	☐	☐	☐	☐	☐	☐
( )?	☐	☐	☐	☐	☐	☐

새 단어
New Vocabulary   일어나다 to get up   밤 night   세수하다 to wash one's face   이를 닦다 to brush one's teeth

8 시간과 날짜
Time and Date

2과 시험이 며칠이에요?
Which day is the test on?

- 날짜 묻고 답하기
  Asking and answering about the date
- 기간 표현하기
  Expressing length of time

1. 이것은 달력입니다. 달력을 보면서 보기 와 같이 이야기해 보세요.
Look at the following calendar and ask each other questions and answer as shown in the example.

보기

시험이 며칠이에요?	일월 십오 일이에요.
회의가 언제예요?	…

어휘 Vocabulary

일월	이월	삼월	사월	월	일	며칠	언제
오월	유월	칠월	팔월	달력	시험	방학	회의
구월	시월	십일월	십이월	파티	생일	약속	세일

Track 89

2월

SUN	MON	THU	WED	THU	FRI	SAT
1	2	3	4	5	6	7
8	9	10	11	12	13	14
15	16	17	18	19	20	21
22	23	24	25	26	27	28

방학

A 몇 시부터 몇 시까지 한국어를 배워요?

B 6시 반부터 9시 반까지 배워요.

A: From what time until what time do you learn Korean?

B: I learn from 6:30 until 9:30.

A 언제까지 방학이에요?

B 2월 28일까지 방학이에요.

A: Your school break lasts until when?

B: It lasts until February 28th.

 그림을 보고 보기 와 같이 친구들과 이야기해 보세요.

Create dialogues with your partners as shown in the example.

보기

- 몇 시부터 몇 시까지 일해요?
- 9시부터 12시까지 일해요.
- 언제까지 시험을 봐요?
- 17일부터 18일까지 시험을 봐요.

🔍 N부터 N까지

'N부터' indicates the start time of an action or condition, while 'N까지' indicates the end time of an action or condition. Each can be used independently.

6시 반**부터** 9시 반**까지** 한국어를 배워요. │ 월요일**부터** 금요일**까지** 회사에서 일해요.

새 단어
New Vocabulary   시험을 보다 to take a test   여행을 하다 to take a trip

Track 90

A 어제 뭐 했어요?
B 올리버 씨하고 영화를 봤어요.

A: What did you do yesterday?
B: I watched a movie with Oliver.

A 주말에 뭐 했어요?
B 집에서 음악을 들었어요.

A: What did you do over the weekend?
B: I listened to music at home.

그림을 보고 보기 와 같이 친구들과 이야기해 보세요.
Create dialogues with your partners as shown in the example.

ㄷ 불규칙

'듣다', '걷다'와 같이 어간이 'ㄷ' 받침으로 끝나는 동사 중 일부는 뒤에 모음이 올 때 'ㄷ'이 'ㄹ'로 바뀐다.

Some verbs that have an ending consonant of 'ㄷ', such as '듣다', '걷다', are irregular verbs. When it is followed by a vowel, the 'ㄷ' changes to a 'ㄹ'.

어제 음악을 들었어요.
매일 공원에서 걸어요.

보기

어제 뭐 했어요?

영화를 봤어요.

영화를 보다

1)

친구를 만나다

2)

운동하다

3)

책을 읽다

4)

영어를 가르치다

5)

시장에 가다

6)

쉬다

7)

공원에서 걷다

8)

?

🔍 A/V–았어요/었어요

'–았어요/었어요' is used in conjunction with verbs or adjectives to indicate past events.

어제 영화를 **봤어요**. 그 영화가 재미있**었어요**.
주말에 도서관에서 공부**했어요**.

A: 어제 뭐 **했어요**?
B: 집에서 책을 읽**었어요**.

새 단어
New Vocabulary   어제 yesterday   음악 music   듣다 to listen   걷다 to walk

Track 91

에바 양양 씨, 시험이 며칠이에요?

양양 3월 9일이에요.

에바 그래요? 몇 시에 시험을 봐요?

양양 9시부터 12시까지 봐요.

에바 어제 시험공부 많이 했어요?

양양 아니요, 공부 안 하고 K-POP을 들었어요.

에바 그럼 오늘부터 열심히 공부하세요.

Eva: Yangyang, which day is the test on?

Yangyang: It's on March 9th.

Eva: Oh, I see. What time do you take it?

Yangyang: From 9:00 until 12:00.

Eva: Did you study a lot yesterday for the test?

Yangyang: No, I didn't study. I just listened to K-pop music.

Eva: Alright then. Starting today, you'd better study hard.

그림을 보고 친구와 이야기해 보세요.

Create conversations for the following pictures with your partner.

1)

시험 | 어제
3월 9일 | K-POP을 듣다
9:00~12:00

2)

시험 | 어제
6월 10일 | 친구를 만나다
1:00~3:00

3)

시험 | 어제
10월 26일 | 드라마를 보다
6:30~9:30

4)

시험 | 어제
1월 31일 | 자다
10:00~11:30

| 새 단어 New Vocabulary | 시험공부 study for a test   K-POP (Korean pop music)   열심히 hard, diligently |

1. **대화를 잘 듣고 알맞은 날짜를 쓰세요.**
Listen to the conversations and write the dates.

Track 92

1) 오늘은 [　　] 월 [　　] 일이에요.

2) 남자의 생일은 [　　] 월 [　　] 일이에요.

3) 시험은 [　　] 월 [　　] 일이에요.

4) 방학은 [　　] 월 [　　] 일부터예요.

2. **대화를 잘 듣고 질문에 답하세요.**
Listen to the conversation and answer the questions.

Track 93

1) 잘 듣고 맞으면 ○, 틀리면 ×표 하세요.
Listen and if the statement is correct, then write ○. If not, then write ×.

① 유카 씨는 어제 쇼핑했어요. 　　　　　　　(　　)

② 기욤 씨는 어제 백화점에 갔어요. 　　　　　(　　)

③ 기욤 씨는 어제 옷을 샀어요. 그 옷이 비쌌어요. (　　)

2) 세일은 언제부터 언제까지예요? When is the sale period?

①　　　　　　　　　　　②　　　　　　　　　　　③

11월						
월	화	수	목	금	토	일
1	2	3	4	5	6	7
8	9	10	11	12	13	14
15	16	17	18	19	20	21
22	23	24	25	26	27	28
29	30					

12월						
월	화	수	목	금	토	일
	1	2	3	4	5
6	7	8	9	10	11	12
13	14	15	16	17	18	19
20	21	22	23	24	25	26
27	28	29	30	31		

12월						
월	화	수	목	금	토	일
	1	2	3	4	5
6	7	8	9	10	11	12
13	14	15	16	17	18	19
20	21	22	23	24	25	26
27	28	29	30	31		

정답 | 1. 1) 10, 16 2) 11, 8 3) 4, 30 4) 6, 25   2. 1) ① × ② ○ ③ × 2) ③

우리 반 친구들의 생일에 대해 이야기해 보세요. Talk about your classmates' birthdays.

인터뷰지
🔗 p. 147

1. 먼저 아래 질문에 대한 답을 한국어로 써 보세요.
First, write the answers, in Korean, to the questions below.

• 생일이 언제예요?　　　　　　　　　－ 제 생일은 (　　　)월 (　　　)일이에요.

• 지난 생일에 뭐 했어요?　　　　　　　－ 제 생일에 (　　　　　　　　)–았/었어요.

• 지난 생일에 무슨 선물을 받았어요?　－ 제 생일에 (　　　　　　　　)을/를 받았어요.

2. 우리 반 친구 모두를 만나서 친구들의 생일, 지난 생일에 한 일, 받은 선물에 대해서 물어보세요.
Meet with every classmate and ask them when their birthday is, what they did on their previous birthday and what gift(s) they received.

이름이 뭐예요?	생일이 언제예요?	지난 생일에 뭐 했어요?	지난 생일에 무슨 선물을 받았어요?
보기 케빈	(8)월 (7)일	친구하고 파티를 했어요.	가방, 꽃
	(　)월 (　)일		
	(　)월 (　)일		
	(　)월 (　)일		

3. 친구들을 모두 만나서 이야기한 후에 자기 자리로 돌아가세요. 메모한 내용이 맞는지 선생님과 함께 확인해 보세요.
After you've talked with every classmate, return to your seat. With the teacher, you will check to see if what you wrote is correct or not.

새 단어
New Vocabulary　　지난 last, previous　　선물 gift　　받다 to receive

1. 다음을 읽고 질문에 답하세요. Read the following diary and answer the questions.

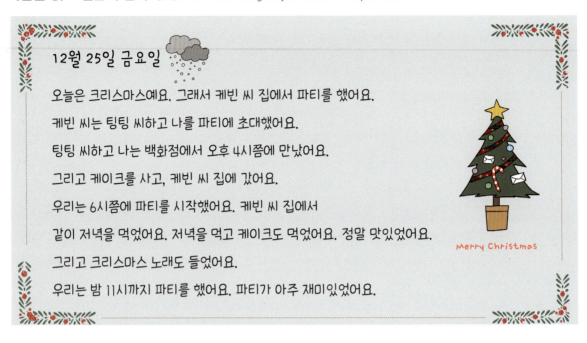

12월 25일 금요일

오늘은 크리스마스예요. 그래서 케빈 씨 집에서 파티를 했어요.
케빈 씨는 팅팅 씨하고 나를 파티에 초대했어요.
팅팅 씨하고 나는 백화점에서 오후 4시쯤에 만났어요.
그리고 케이크를 사고, 케빈 씨 집에 갔어요.
우리는 6시쯤에 파티를 시작했어요. 케빈 씨 집에서
같이 저녁을 먹었어요. 저녁을 먹고 케이크도 먹었어요. 정말 맛있었어요.
그리고 크리스마스 노래도 들었어요.
우리는 밤 11시까지 파티를 했어요. 파티가 아주 재미있었어요.

Merry Christmas

1) 이 글은 어떤 종류의 글입니까? What type of writing is this?

① 일기   ② 편지   ③ 초대 카드

2) 이 글의 내용과 같은 것은 O, 다른 것은 ×표 하세요.

   If the following statements are the same as what you read, then write O. If not, then write X.

① 내일은 토요일이에요.   (   )
② 나는 케이크를 사고 팅팅 씨를 만났어요.   (   )
③ 크리스마스에 아침부터 밤까지 파티를 했어요. (   )

새 단어 New Vocabulary
크리스마스 Christmas
초대하다 to invite someone
나 I, me
우리 we, us
시작하다 to start
정말 really, truly
일기 diary
편지 handwritten letter
내일 tomorrow

2. 여러분은 오늘 뭐 했어요? 일기를 써 보세요. What did you do today? Write a diary.

_____월 _____일 _____요일

1과 지금 몇 시예요?
What time is it now?

☐ 오전	a.m.
☐ 오후	p.m.
☐ 시	hour
☐ 분	minute
☐ 반	half
☐ 월요일	Monday
☐ 화요일	Tuesday
☐ 수요일	Wednesday
☐ 목요일	Thursday
☐ 금요일	Friday
☐ 토요일	Saturday
☐ 일요일	Sunday
☐ 무슨	what, what kind of
☐ 요일	day of the week
☐ 주말	weekend

2과 시험이 며칠이에요?
Which day is the test on?

☐ 일월	January
☐ 이월	February
☐ 삼월	March
☐ 사월	April
☐ 오월	May
☐ 유월	June
☐ 칠월	July
☐ 팔월	August
☐ 구월	September
☐ 시월	October
☐ 십일월	November
☐ 십이월	December
☐ 월	month
☐ 일	day
☐ 며칠	what day
☐ 언제	when
☐ 달력	calendar
☐ 시험	test
☐ 방학	school break
☐ 회의	meeting
☐ 파티	party
☐ 생일	birthday
☐ 약속	appointment, promise
☐ 세일	sale

1과 오늘 날씨가 추워요
It's cold today

- 날씨 묻고 답하기
  Asking and answering about the weather
- 제안하기 Making suggestions

1. 보기 와 같이 친구와 날씨를 묻고 대답해 보세요.
Ask and answer how the weather is as shown in the example.

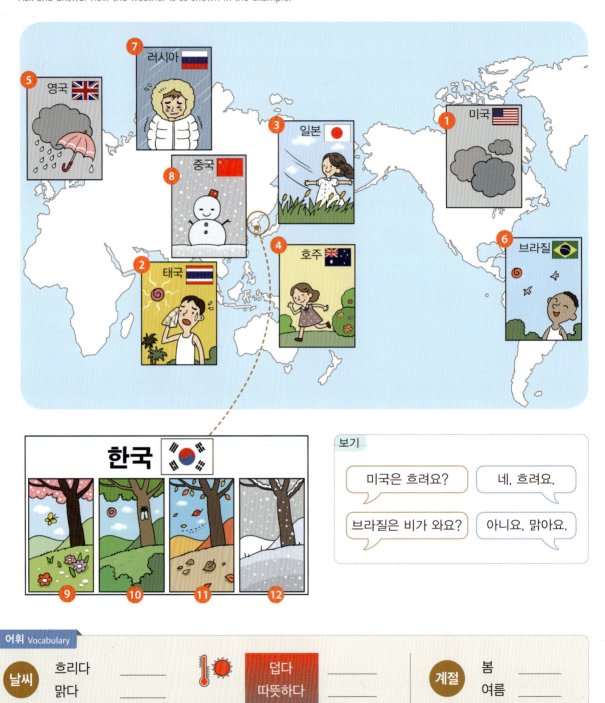

보기

미국은 흐려요?　　네, 흐려요.

브라질은 비가 와요?　　아니요, 맑아요.

어휘 Vocabulary

| 날씨 | 흐리다 _____ 맑다 _____ 비가 오다 _____ 눈이 오다 _____ | 덥다 _____ 따뜻하다 _____ 시원하다 _____ 춥다 _____ | 계절 | 봄 _____ 여름 _____ 가을 _____ 겨울 _____ |

Track 94

A 오늘 날씨가 어때요?
B 아주 추워요.

A: How's the weather today?
B: It's super cold.

N이/가 어때요?
대상의 상태나 특성을 물을 때 사용한다.
It is used when asking about the status or characteristic of something.

A: 요즘 날씨가 어때요? A: 이 책이 어때요?
B: 따뜻해요.   B: 아주 재미있어요.

보기 와 같이 친구와 이야기해 보세요.
Create dialogues with your partner as shown in the example.

보기
날씨가 어때요?   추워요.   더워요.

 날씨
 책
 한국어
 방
 아기

 김치
 시험
 숙제
 떡볶이
 가방

| 덥다 | 춥다 | 어렵다 | 쉽다 | 무겁다 | 가볍다 | 맵다 | 귀엽다 |

보기 와 같이 질문을 바꿔서 한 번 더 연습해 보세요.
Change the question and practice speaking with your partner again as shown in the example.

날씨가 더워요?   네, 더워요.   아니요, 추워요.

🔍 **ㅂ 불규칙**

When some adjective stems ending in the final consonant 'ㅂ' are followed by an ending that begins with a vowel, the 'ㅂ' is replaced with '우'. '덥다, 춥다, 어렵다, 쉽다, 무겁다, 가볍다, 맵다, 귀엽다' are some of examples.

덥타 + -아요/어요 → 더우 + -어요 → 더워요

덥타 + -았어요/었어요 → 더우 + -었어요 → 더웠어요

김치가 매워요.

아기가 귀여워요.

A: 한국어 시험이 어려웠어요?
B: 네, 좀 어려웠어요.

새 단어
New Vocabulary

어렵다 to be difficult   쉽다 to be easy   무겁다 to be heavy   가볍다 to be light   맵다 to be spicy
귀엽다 to be cute   방 room   아기 baby

Track 95

A 우리 같이 영화를 볼까요?

B 네, 좋아요.

A: Shall we watch a movie together?
B: Sure, That would be nice.

A 몇 시에 만날까요?

B 3시에 만나요.

A: What time shall we meet?
B: Let's meet at 3:00.

 그림을 보고 보기 와 같이 친구들과 이야기해 보세요.

Create dialogues with your partners as shown in the example.

보기

우리 내일 만날까요?

네, 좋아요.

미안해요, 내일은 시간이 없어요.

질문

만나다   영화를 보다   밥을 먹다

운동하다   커피를 마시다   쇼핑하다

대답   좋다 / 시간이 없다 / 약속이 있다 …

🔍 V-(으)ㄹ까요?

'-(으)ㄹ까요?' is used in conjunction with verb to suggest something and ask for someone's opinions or thoughts.

A: 우리 같이 점심을 먹을까요?   A: 우리 내일 영화를 볼까요?
B: 네, 좋아요.   B: 미안해요, 내일은 시간이 없어요.

새 단어
New Vocabulary   시간 time

Track 96

호세 로렌 씨, 우리 오늘 공원에 갈까요?
로렌 오늘은 날씨가 너무 추워요.
호세 그럼 영화를 볼까요?
로렌 네, 좋아요. 몇 시에 만날까요?
호세 1시에 학교 앞에서 만나요.

José: Lauren, shall we go to a park today?
Lauren: It's too cold.
José: Well, how about going to the theater then?
Lauren: Sure, sounds good. What time shall we meet?
José: Let's meet up at 1:00 in front of the school.

그림을 보고 친구와 이야기해 보세요.
Create conversations for the following pictures with your partner.

1)

공원에 가다

날씨가 너무 춥다

영화를 보다

2)

산에 가다

날씨가 너무 덥다

수영장에 가다

3)

점심을 먹다

시간이 없다

내일 먹다

4)

테니스를 치다

약속이 있다

목요일에 치다

새 단어
New Vocabulary   너무 too   산 mountain   수영장 swimming pool   앞 the front   테니스 tennis   치다 to hit

1. 날씨가 어때요? 잘 듣고 알맞은 그림을 고르세요.
Listen to the conversations and choose the correct picture that matches the weather.

Track 97

1) ① ☐ ② ☐   2) ① ☐ ② ☐

3) ① ☐ ② ☐   4) ① ☐ ② ☐

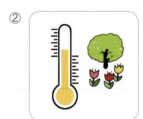

2. 대화를 잘 듣고 질문에 답하세요. Listen to the conversation and answer the questions.

Track 98

1) 요즘 날씨가 어때요? How's the weather these days?

① ② ③

2) 두 사람은 언제 만나요? When are the two people meeting?

① 금요일 2시   ② 토요일 2시   ③ 토요일 12시

3) 두 사람은 같이 뭐 해요? 모두 고르세요.

What are the two people doing together? Choose all of the correct answers.

① ② ③

정답 | 1. 1) ① 2) ① 3) ① 4) ②   2. 1) ③ 2) ② 3) ②, ③

💬 여행을 가려고 해요. 날씨를 알아본 후에 어디로 여행을 갈지, 거기에서 무엇을 할지 친구와 계획을 세워 보세요. You're going on a trip. After checking out what the weather is like, write down where you and your partner plan on going and what you're going to do there.

1. 보기와 같이 친구에게 날씨를 물어보세요. Ask your partner about the weather as shown in the example.

학생 B
p. 148

보기

한국은 날씨가 어때요?
추워요.
비가 와요?
아니요, 조금 흐려요.

2. 친구하고 어느 나라로 여행을 갈지 정해 보세요. Decide which country you're going to visit with your partner.

우리 같이 어디에 갈까요?
네, 좋아요.
중국에 갈까요?

새 단어 New Vocabulary

조금 a little
계획 plan

3. 친구하고 그 나라에 가서 무엇을 할지 계획을 세워 보세요.
Write down what you're going to do while on your trip with your partner.

	계획
1. _____에 언제 갈까요?	
2. _____에서 뭐 할까요?	
3. _____에서 뭐 먹을까요?	

9 날씨와 생활
Weather and Life

2과 어디에 있어요?
Where is it?

• 위치 묻고 답하기
Asking and answering about location
• 방향 지시하기
Giving directions

1. ●이 어디에 있어요? 위치를 나타내는 명사를 확인하고 번호를 써 보세요.

Where is ●? Look at the nouns that express location and write the correct number.

위 __⑤__   아래/밑 ____   앞 ____   뒤 ____   안 ____   밖 ____   옆 ____

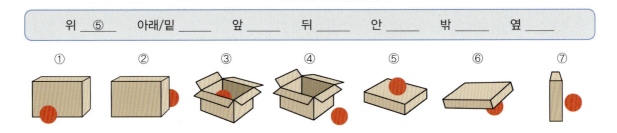

① ② ③ ④ ⑤ ⑥ ⑦

2. 방에 있는 물건들의 이름을 알아보세요. 번호를 쓰고 보기 와 같이 친구와 이야기해 보세요.

Figure out the names of the items in the room. Write the number and practice the dialogues with your partner as shown in the example.

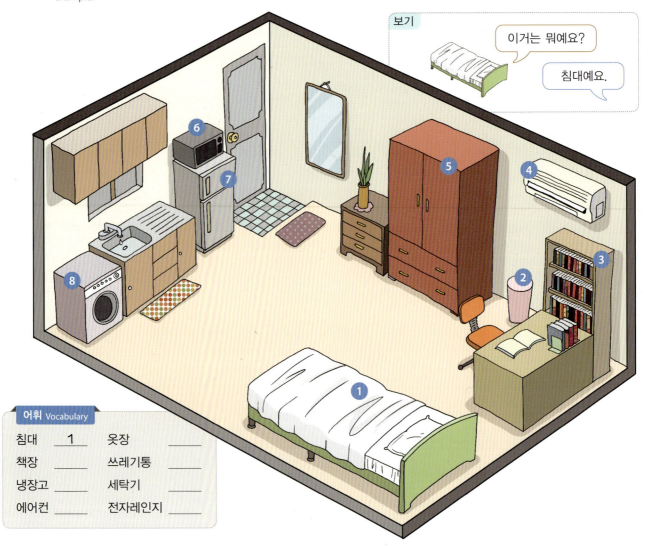

보기

이거는 뭐예요?

침대예요.

어휘 Vocabulary

침대	1	옷장	____
책장	____	쓰레기통	____
냉장고	____	세탁기	____
에어컨	____	전자레인지	____

Track 99

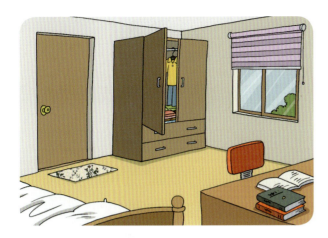

A 방에 옷장이 있어요?
B 네, 있어요.

A: Is there a closet in the room?
B: Yes, there is.

A 옷장이 어디에 있어요?
B 문 옆에 있어요.

A: Where is the closet?
B: It's next to the door.

 그림을 보고 보기 와 같이 친구들과 이야기해 보세요.
Create dialogues with your partners as shown in the example.

보기

방에 에어컨이 있어요?

아니요, 없어요.

그럼 옷장이 있어요?

네, 있어요.

옷장이 어디에 있어요?

침대 옆에 있어요.

학생 A

에어컨
옷장
냉장고
케빈 씨
전자레인지
모자
⋮

양양

케빈

학생 B

책장
쓰레기통
세탁기
텔레비전
양양 씨
시계
⋮

🔍 N에 있다/없다

'에 있다' indicates where a person or object exists or is located in conjunction with a noun. If there is a person or object, which is the subject of the sentence, then use '있다'. If it does not exist, then use '없다'.

유카 씨는 도서관에 있어요.
지갑이 책상 위에 있어요.

A: 양양 씨가 집에 있어요?
B: 아니요. 집에 없어요. 학교에 있어요.

Track 100

A 이 근처에 지하철역이 있어요?
B 네, 있어요. 이쪽으로 쭉 가세요.

A: Is there a subway station nearby?
B: Yes, there is. Go straight this way.

 그림을 보고 보기 와 같이 친구들과 이야기해 보세요.
Create dialogues with your partners as shown in the example.

보기

커피숍

← 왼쪽

이 근처에 커피숍이 있어요?   네, 있어요. 왼쪽으로 가세요.

1) 병원   오른쪽
2) 백화점   앞
3) 극장   이쪽
4) 은행   왼쪽

🔍 N(으)로

'(으)로' is used in conjunction with a noun to indicate the destination or direction of movement.

앞으로 쭉 가세요.   A: 지금 집으로 가요?
병원 뒤로 오세요.   B: 아니요, 회사로 가요.

새 단어
New Vocabulary   근처 nearby   이쪽 this way   쭉 straight   왼쪽 left side   오른쪽 right side

말하기 Speaking

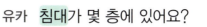

유카 침대가 몇 층에 있어요?
직원 7층에 있어요. 7층으로 가세요.
유카 고맙습니다. 그런데 화장실은
　　어디에 있어요?
직원 엘리베이터 옆에 있어요.
　　이쪽으로 쭉 가세요.
유카 아, 네. 고맙습니다.

Yuka: Which floor are the beds on?
Employee: They're on the 7th floor. Please go to the 7th floor.
Yuka: Thank you. By the way, where is the restroom?
Employee: It's next to the elevator. Go straight this way.
Yuka: Okay, I got it. Thanks.

그림을 보고 친구와 이야기해 보세요.
Create conversations for the following pictures with your partner.

1)
침대

7층

화장실　엘리베이터
이쪽

2)
옷장

5층

커피숍　화장실
오른쪽

3)
냉장고

6층

화장실　서점
왼쪽

4)
세탁기

3층

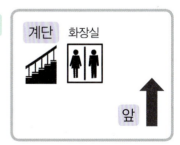
계단　화장실
앞

새 단어
New Vocabulary
　층 floor　　그런데 by the way　　엘리베이터 elevator　　계단 stairs

1. 잘 듣고 물건이 있는 곳의 번호를 쓰세요.
Listen to the conversations and write the number where the item is located.

Track 102

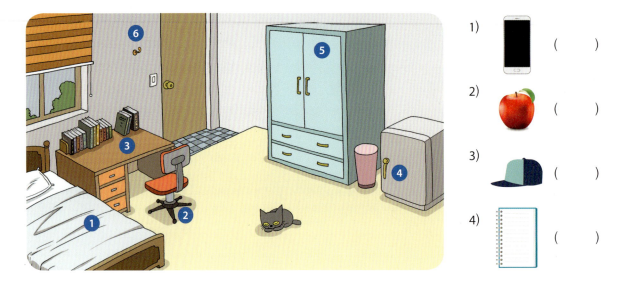

1) (   )

2) (   )

3) (   )

4) (   )

2. 대화를 잘 듣고 질문에 답하세요. Listen to the conversation and answer the questions.

Track 103

1) 두 사람은 지금 무엇을 해요? What are the two people doing now?

 ①

 ②

 ③

2) 두 사람은 지금부터 어디에 가요? 건물 번호를 고르세요.

Where are the two people going now? Choose the number of the building.

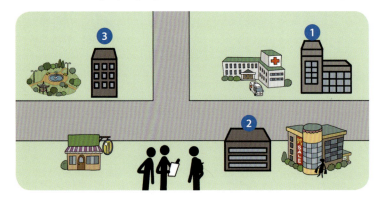

과제 Tasks and Activities

나와 친구의 방에 대해 이야기해 보세요. Talk about your and your friend's rooms.

1. 방에 뭐가 있어요? 그 물건이 어디에 있어요? 그림을 그려 보세요.

What's in your room? Where are the items located? Draw a picture of your room.

2. 내가 그린 방의 모습을 친구가 그림으로 그릴 수 있도록 말로 설명해 보세요.

Describe the picture that you drew to your partner so that they can draw the same picture.

방에 뭐가 있어요?

침대가 어디에 있어요?

책상은 어디에 있어요?

또 뭐가 있어요?

침대하고 책상이 있어요.

침대는 창문 앞에 있어요.

책상은 방의 오른쪽에 있어요.

…

3. 내가 그린 내 방의 모습과 친구가 그린 내 방의 모습을 비교해 보세요. 그리고 두 그림에서 무엇이 다른지 이야기해 보세요. 확인이 끝난 후에는 친구가 하는 설명을 들으면서 친구의 방이 어떤 모습일지 그려 보세요.

Compare the picture that you drew of your room with the picture that your partner drew of your room. Then, discuss what is different about the pictures. After doing so, draw your partner's room according to their explanations.

새 단어 New Vocabulary	또 also

1. 다음을 읽고 질문에 답하세요. Read the following and answer the questions.

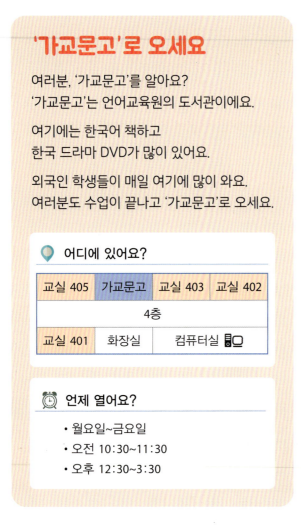

'가교문고'로 오세요

여러분, '가교문고'를 알아요?
'가교문고'는 언어교육원의 도서관이에요.

여기에는 한국어 책하고
한국 드라마 DVD가 많이 있어요.

외국인 학생들이 매일 여기에 많이 와요.
여러분도 수업이 끝나고 '가교문고'로 오세요.

🎈 어디에 있어요?

교실 405	가교문고	교실 403	교실 402
4층			
교실 401	화장실	컴퓨터실 💻	

⏰ 언제 열어요?

- 월요일~금요일
- 오전 10:30~11:30
- 오후 12:30~3:30

1) 읽은 내용과 같은 것을 고르세요.

Choose the statement that is the same as what you read.

① 가교문고에는 DVD가 없어요.

② 가교문고는 주말에 문을 닫아요.

③ 가교문고는 월요일 오전 열 시에 문을 열어요.

2) 가교문고의 위치에 대한 설명으로 맞으면 ○,
틀리면 ×표 하세요.

If the explanation of the location of the 가교문고 is the correct,
then write ○. If not, then write ×.

① 4층에 있어요.   (   )

② 화장실 옆에 있어요.   (   )

③ 401호 교실 옆에 있어요. (   )

새 단어 New Vocabulary	
여러분 everyone	끝나다 to end, to finish
언어교육원 Language Education Institute	교실 classroom
DVD Digital Video Disc	열다 to open
외국인 foreigner	닫다 to close
수업 class	호 unit noun for room

정답 | 1. 1) ③ 2) ① ○ ② × ③ ×

2. 자주 가는 곳이 있어요? 그곳을 소개하는 글을 써 보세요.

Where do you often go? Write an introduction telling us about it.

_____(으)로 오세요

1과 오늘 날씨가 추워요
It's cold today

□ 날씨   weather

□ 흐리다   to be cloudy

□ 맑다   to be clear

□ 비가 오다   to rain

□ 눈이 오다   to snow

□ 덥다   to be hot

□ 따뜻하다   to be warm

□ 시원하다   to be cool, refreshing

□ 춥다   to be cold

□ 계절   season

□ 봄   spring

□ 여름   summer

□ 가을   fall, autumn

□ 겨울   winter

2과 어디에 있어요?
Where is it?

□ 위   above, up

□ 아래   below

□ 밑   under

□ 앞   the front

□ 뒤   the back, behind

□ 안   in, inside

□ 밖   outside

□ 옆   side

□ 침대   bed

□ 옷장   closet

□ 책장   bookshelf

□ 쓰레기통   trash can

□ 냉장고   refrigerator

□ 세탁기   washing machine

□ 에어컨   air conditioner

□ 전자레인지   microwave

부록
Appendix

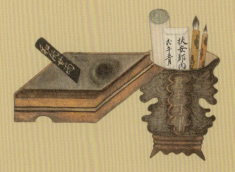

1단원 2과 과제

1. ☐☐ ☐☐

2. ☐☐ ☐☐

3. ☐☐☐ ☐☐

4. 삐삐 머리

5. 미소 스튜디오

6. 치즈 & 토스트

창문

노트북

필통

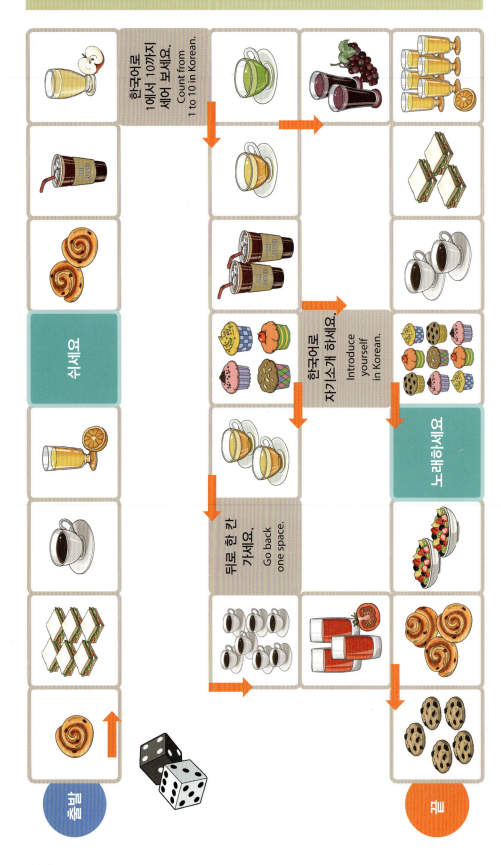

한국어로 1에서 10까지 세어 보세요.
Count from 1 to 10 in Korean.

한국어로 자기소개 하세요.
Introduce yourself in Korean.

뒤로 한 칸 가세요.
Go back one space.

쉬세요

다시하세요

출발

끝

메뉴

☆ 식당 A
Restaurant A

메뉴

불고기	₩12,000	냉면	₩8,000
비빔밥	₩10,000	라면	₩4,000
김밥	₩5,000		
콜라	₩3,000	소주	₩4,000
사이다	₩3,000	맥주	₩5,000

☆ 식당 B
Restaurant B

MENU

Foods		Drinks	
햄버거	₩10,000	콜라	₩3,000
샌드위치	₩7,000	사이다	₩3,000
피자	₩20,000	주스	₩3,000
스파게티	₩18,000	맥주	₩5,000
샐러드	₩15,000	와인	₩8,000

☆ 커피숍
Coffee Shop

Coffee & Tea

아메리카노	₩4,000
카페 라테	₩5,000
아이스커피	₩5,500
홍차	₩4,500
녹차	₩4,000
유자차	₩4,000

Juice

오렌지 주스	₩3,000
사과 주스	₩3,000

Dessert

빵	₩3,000
케이크	₩6,000
쿠키	₩2,500

장소 카드

학교

공원

식당

커피숍

시장

회사

백화점

대사관

병원

공항

도서관

화장실

서점

은행

집

극장

인터뷰지

질문	이름		
커피를 마셔요?			
운동을 좋아해요?			
생선을 먹어요?			
일본어를 공부해요?			
한국 드라마를 봐요?			
태권도를 배워요?			
한국 신문을 읽어요?			
오늘 친구를 만나요?			
한국어가 재미있어요?			
샌드위치를 좋아해요?			

가게

쇼핑 목록

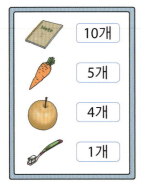   

  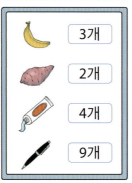 

감자	당근	고구마	오이
볼펜	공책	필통	지우개
사과	배	오렌지	바나나

 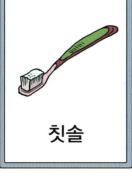  

휴지	칫솔	치약	비누

한국은행
오만 원
₩ 50,000

한국은행
만 원
₩ 10,000

한국은행
오천 원
₩ 5,000

한국은행
천 원
₩ 1,000

8단원 2과 과제

인터뷰지

이름이 뭐예요?	생일이 언제예요?	지난 생일에 뭐 했어요?	지난 생일에 무슨 선물을 받았어요?
케빈	( )월 ( )일		
	( )월 ( )일		
	( )월 ( )일		
	( )월 ( )일		
	( )월 ( )일		
	( )월 ( )일		
	( )월 ( )일		
	( )월 ( )일		
	( )월 ( )일		
	( )월 ( )일		
	( )월 ( )일		

여행을 가려고 해요. 날씨를 알아본 후에 어디로 여행을 갈지, 거기에서 무엇을 할지 친구와 계획을 세워 보세요. You're going on a trip. After checking out what the weather is like, write down where you and your partner plan on going and what you're going to do there.

1. 보기 와 같이 친구에게 날씨를 물어보세요. Ask your partner about the weather as shown in the example.

2. 친구하고 어느 나라로 여행을 갈지 정해 보세요. Decide which country you're going to visit with your partner.

새 단어 New Vocabulary

조금 a little
계획 plan

3. 친구하고 그 나라에 가서 무엇을 할지 계획을 세워 보세요.
Write down what you're going to do while on your trip with your partner.

	계획
1. _____에 언제 갈까요?	
2. _____에서 뭐 할까요?	
3. _____에서 뭐 먹을까요?	

3단원 | 소개 Introductions

1과 저는 미국 사람이에요 I'm American

1. 저는 N이에요/예요   p. 39

• 자기소개를 할 때 사용하는 표현으로 N 자리에는 이름, 국적, 직업 등이 올 수 있다. This is the expression used to introduce oneself. N may be names, nationalities, and jobs.

• '이에요/예요'는 명사의 뒤에 붙어서 문장을 만들어 주는 역할을 하며, 비격식적인 상황에서 사용한다. '이에요/예요' is attached to the end of a noun to indicate its characteristic.

받침 × + 예요	이지우 + 예요 → 이지우예요
받침 ○ + 이에요	한국 사람 + 이에요 → 한국 사람이에요

저는 유카예요.
저는 이지우예요.
저는 선생님이에요.
저는 한국 사람이에요.

2. N이에요/예요?   p. 40

• 'N이에요/예요'가 포함된 문장 끝의 억양을 내리면 평서문, 억양을 올리면 의문문이 된다. A declarative sentence ending with 'N이에요/예요' has a falling intonation. Conversely, a question ending with 'N이에요/예요' has a rising intonation.

한국 사람이에요? ↗
한국 사람이에요. ↘

A: 어느 나라 사람이에요? ↗
B: 저는 독일 사람이에요. ↘

A: 양양 씨예요? ↗
B: 네, 저는 양양이에요. ↘

2과 팅팅 씨는 학생이에요?
Tingting, are you a student?

1. N은/는   p. 45

'은/는'은 문장에서 주제가 되는 명사 뒤에 붙이는 조사이다.

'은/는' is a particle attached to the noun that is the topic of the sentence.

받침 × + 는	다쿠야 씨 + 는 → 다쿠야 씨는
받침 ○ + 은	선생님 + 은 → 선생님은

저는 회사원이에요.
에바는 프랑스 사람이에요.
이쪽은 스티안 씨예요.
선생님은 한국 사람이에요.

2. N이/가 아니에요   p. 46

주어의 속성을 부정할 때 사용한다. It is used to deny a claim made about the state or characteristic of the sentence's subject.

받침 × + 가 아니에요	의사 + 가 아니에요 → 의사가 아니에요
받침 ○ + 이 아니에요	학생 + 이 아니에요 → 학생이 아니에요

A: 에밀리 씨는 기자예요?
B: 아니요, 저는 기자가 아니에요.

다쿠야는 의사가 아니에요. 회사원이에요.

A: 양양 씨는 선생님이에요?
B: 아니요, 저는 선생님이 아니에요.

저는 미국 사람이 아니에요. 호주 사람이에요.

4단원 | 물건 Items and Objects

1과 이거는 뭐예요? What is this?

1. 이거/그거/저거   p. 53

'이거/그거/저거'는 무언가를 가리킬 때 사용하는 말로, 물건이 말하는 사람 가까이에 있으면 '이거', 듣는 사람 가까이에 있으면 '그거', 말하는 사람과 듣는 사람 모두에게서 먼 곳에 있으면 '저거'를 사용한다. 사람을 가리킬 때는 사용할 수 없다. '이거/그거/저거' are terms used to refer to things. If the object is closer to the person speaking, then say '이거'. If the object is close to the person listening, then say '그거'. If the object is far from both the speaker and the listener, then say '저거'. You cannot use these terms to refer to people.

이거는 의자예요.
그거는 공책이에요.

A: **저거**는 뭐예요?
B: (**저거**는) 지도예요.

2. N(의) N

p. 54

- '의'는 뒤에 오는 명사가 앞에 나온 명사에 속함을 나타낼 때 사용한다. '의' is used to indicate that a person or thing is owned by or belongs to the preceding noun.

- 말할 때는 '의'가 생략되는 경우가 많다. '의' is often omitted when speaking.

이거는 팅팅(의) 필통이에요.
지우 씨는 다쿠야 씨(의) 친구예요.

A: 저거는 누구(의) 노트북이에요?
B: 기옴(의) 노트북이에요.

- '저의', '나의'는 '의'를 생략하지 않고 '제', '내'로 축약해 쓴다. '저의' is abbreviated as '제' and '나의' is abbreviated as '내'.

그거는 **저의** 휴대폰이에요. = 그거는 **제** 휴대폰이에요.
이거는 **나의** 책이에요. = 이거는 **내** 책이에요.

2과 휴지가 있어요? Do you have any tissues?

1. 이/그/저 N

p. 59

- '이, 그, 저'는 사람이나 사물을 가리키는 명사 앞에 쓰여서 특정한 대상을 지시하는 역할을 한다. '이'는 말하는 이에게 가까이 있는 사물이나 사람을 가리킬 때 사용한다. '그'는 듣는 이에게 가까이 있는 사물이나 사람을 가리킬 때 사용한다. '저'는 말하는 이와 듣는 이 모두에게 멀리 떨어진 사물이나 사람을 가리킬 때 사용한다. '이, 그, 저' refer to or point to specific objects. They are written before nouns, which can be both an object or a person. '이' refers to an object or person that is closer to the speaker. '그' refers to an object or person that is closer to the listener. '저'

refers to objects or people that are far from both the speaker and listener.

이 사전은 한국어 사전이에요.
저 사람은 올리버 씨예요.

A: **그** 우산은 누구 우산이에요?
B: 이거는 양양 씨 우산이에요.

- '그'는 앞에서 이미 언급한 사물이나 사람, 또는 생각 속의 사물이나 사람을 가리킬 때도 사용한다. '그' is also used to refer to an object or person previously mentioned, or an object or person in mind.

A: 저는 한국 친구가 있어요.
B: 그래요? **그** 친구는 학생이에요?

2. N이/가 있어요/없어요

p. 60

- 'N이/가 있어요'는 문장의 주어가 N을 가지고 있음을 의미하고, 'N이/가 없어요'는 문장의 주어가 N을 가지고 있지 않음을 의미한다. 'N이/가 있어요' means the subject of the sentence has a Noun. 'N이/가 없어요' means the subject of the sentence doesn't have a Noun.

받침 × + 가 있어요/없어요	휴지 + 가 →	휴지가 있어요 휴지가 없어요
받침 ○ + 이 있어요/없어요	사전 + 이 →	사전이 있어요 사전이 없어요

저는 한국 친구가 있어요.
지우 씨는 노트북이 없어요.

A: 에바 씨, 거울이 있어요?
B: 아니요, **없어요**.

- 말할 때는 '이/가'를 생략할 수 있다. '이/가' can be omitted when speaking.

휴지가 있어요? = **휴지 있어요?**

1과 오렌지 주스 주세요 Please give me some orange juice

1. V-(으)세요
p. 67

- '-(으)세요'는 동사와 결합하여 다른 사람에게 무언가를 공손하게 요청하거나 정중하게 명령할 때 사용한다. '-(으)세요' is used in conjunction with verb to ask or command someone to do something politely.

받침 × + -세요	주다 + -세요 → 주세요
받침 ○ + -으세요	앉다 + -으세요 → 앉으세요

잠깐만 기다리**세요**.
여기 앉**으세요**.

- 'N 주세요'는 상대에게 N을 달라고 요청할 때 사용한다. 'N 주세요' is used to request someone to give an item.

커피 **주세요**.
샐러드 **주세요**.

2. 수 1 (하나, 둘, 셋, 넷, …)
p. 68

- 사람이나 물건의 수를 셀 때는 '하나, 둘, 셋, 넷, …'을 사용한다. When counting people or items, use '하나, 둘, 셋, 넷, …'.

하나	둘	셋	넷	다섯
여섯	일곱	여덟	아홉	열

- 이때 '빵 하나', '빵 둘'과 같이 명사 다음에 숫자를 써야 한다. When this is the case, the number must come after the noun such as '빵 하나, 빵 둘'.

빵 둘 ○
둘 빵 ×

볼펜이 **하나** 있어요.
샌드위치 **둘** 주세요.

A: 뭐 드릴까요?
B: 아이스커피 **셋** 주세요.

2과 비빔밥하고 콜라 한 병 주세요
Please give me bibimbap and a bottle of cola

1. N 개/병/잔/그릇
p. 73

- '개, 병, 잔, 그릇'은 사물의 개수를 셀 때 사용한다. '개, 병, 잔, 그릇' is used to count the number of objects.

개	병	잔	그릇

- 사물의 이름을 먼저 말하고, 그다음에 수 관형사, 마지막으로 '개, 병, 잔, 그릇'의 단위 명사를 말한다. The name of the object is mentioned first, followed by the numerator, and finally, the unit noun such as '개, 병, 잔, 그릇'.

- 수 관형사는 다음과 같이 사용한다. Use numeral determiners as follows.

1개	2개	3개	4개	5개
하나 개 → 한 개	둘 개 → 두 개	셋 개 → 세 개	넷 개 → 네 개	다섯 개
6개	7개	8개	9개	10개
여섯 개	일곱 개	여덟 개	아홉 개	열 개

빵 한 **개** 주세요.

사이다가 두 **병** 있어요.

A: 뭐 드릴까요?
B: 홍차 세 **잔** 주세요.

A: 비빔밥 몇 그릇 드릴까요?
B: 비빔밥 네 **그릇** 주세요.

2. N하고 N

p. 74

- '하고'는 두 개 이상의 명사를 연결할 때 사용한다. 두 문장을 연결할 때 사용하지 않도록 주의한다. '하고' is used to connect two or more nouns. Be careful not to use it when connecting two sentences.

지우개**하고** 연필

밥**하고** 김치

지우개**하고** 연필이 있어요.
밥**하고** 김치 좀 주세요.

A: 뭐 드릴까요?
B: 냉면 둘**하고** 맥주 한 병 주세요.

- '과/와'는 '하고'와 마찬가지로 명사와 명사를 연결할 때 사용하지만, 문어에서 더 많이 쓰인다. '과/와' and '하고' have the same meaning and are used to two or more nouns, but '과/와' is used more often when writing.

받침 X + 와	지우개 + 와 → 지우개와
받침 O + 과	밥 + 과 → 밥과

지우개**와** 연필
밥**과** 김치

6단원 | 일상생활 Daily Life

1과 지금 뭐 해요? What are you doing?

1. V-아요/어요

p. 81

'-아요/어요'는 동사와 결합하여 현재의 사실에 대해 묻고 답할 때 사용한다. 주로 비격식적인 상황에서 사용하며, 가까운 미래를 말할 때도 사용할 수 있다. '-아요/어요' is a sentence ending which is used in conjunction with the verb to ask and answer questions about current actions in an informal context. It can also be used when talking about the near future.

ㅏ, ㅗ + -아요	만나타 + -아요 → 만나요 오타 + -아요 → 와요
하다 → 해요	공부하타 → 공부**해요**
In other cases + -어요	먹타 + -어요 → 먹어요 마시타 + -어요 → 마셔요

투이 씨는 친구를 만**나요**.
케빈 씨는 지금 공부**해요**.

A: 유카 씨, 지금 뭐 **해요**?
B: 커피를 마**셔요**.

---

2. N을/를

p. 82

- '을/를'은 명사 뒤에 붙어서 그 명사를 동사의 목적어로 만드는 역할을 한다. 말할 때는 생략할 수도 있다. '을/를' is attached to a noun and indicates that the noun is the object of the verb. It can be omitted when speaking.

받침 X + 를	맥주 + 를 → 맥주를
받침 O + 을	김밥 + 을 → 김밥을

A: 지금 뭐 해요?
B: 한국어**를** 공부해요.

A: 양양 씨, 뭐**를** 먹어요?
B: 김밥**을** 먹어요.

- 말할 때는 '뭐를', '누구를'은 '뭘', '누굴'로 축약해 쓸 수 있다. When speaking, '뭐를' and '누구를' are contracted to '뭘' and '누굴'.

> 뭐를 → 뭘
> 누구를 → 누굴

A: **뭘** 좋아해요?　　　　A: **누굴** 만나요?
B: 책을 좋아해요.　　　　B: 케빈 씨를 만나요.

2과 어디에 가요? Where do you go?

1. N에 가다/오다

p. 87

- 'N에 가다/오다'는 어떤 장소로 이동함을 나타낼 때 사용한다. N에는 장소 명사가 온다. 'N에 가다/오다' is used to express that the subject of the sentence is going[coming] to the noun, which is a place.

- 화자가 현재 있는 곳에서 다른 장소로 이동하는 것을 표현할 때는 '가다'를 사용하고, 다른 장소에서 화자가 있는 곳으로 이동하는 것을 표현할 때는 '오다'를 사용한다. '가다' is used to express that the subject of the sentence, is going away from current location. On the other hand, '오다' is used by the speaker to indicate that the subject of the sentence is coming to the place where the speaker is at.

저는 지금 학교에 가요.
제 친구는 오늘 한국에 와요.

A: 지우 씨는 어디에 가요?
B: 커피숍에 가요.

2. N에서 p. 88

'에서'는 명사와 결합하여 행동이 일어나는 장소를 나타낼 때 사용한다. '에서' is used in conjunction with a noun to indicate where an action takes place.

저는 회사에서 일해요.
양양 씨는 집에서 책을 읽어요.

A: 어디에서 밥을 먹어요?
B: 식당에서 먹어요.

7단원 | 쇼핑 Shopping

1과 뭐가 맛있어요? What tastes delicious?

1. N이/가 A-아요/어요 p. 95

- 명사의 현재 상태나 성격에 대해 설명할 때 사용한다. 주격 조사인 '이/가'와 함께 쓰인다. 'N이/가 A-아요/어요' is used to describe the present state or characteristic of a noun. '이/가' is a subject particle that is used together with 'A-아요/어요'.

받침 X + 가	김치 + 가 → 김치가
받침 O + 이	책 + 이 → 책이

컴퓨터가 비싸요.   이 노래가 좋아요.
선생님이 친절해요.   비빔밥이 맛있어요.

A: 친구가 많아요?   A: 뭐가 재미있어요?
B: 네, 많아요.   B: 이 책이 재미있어요.

- 다음과 같이 쓰지 않도록 주의한다. Should not use as follows.

비빔밥을 좋아요. (×) → 비빔밥이 좋아요. (○)

2. 안 A/V p. 96

- '안'은 동사, 형용사 앞에 쓰여 부정문을 만든다. '안' is used in front of verbs and adjectives to make negative statements.

모자가 안 비싸요.
길이 안 복잡해요.
저는 오늘 학교에 안 가요.
라샨 씨는 고기를 안 먹어요.

- '공부하다, 일하다, 운동하다' 등과 같이 명사와 '하다'가 결합된 동사의 경우에는 '안'을 '하다'의 앞에 써야 한다. In the case of a verb that combines a noun with '하다', such as '공부하다, 일하다, 운동하다', '안' should be written before '하다'.

양양 씨는 공부 안 해요.

A: 오늘 운동해요?
B: 아니요, 운동 안 해요.

- 동사 '좋아하다'는 명사와 '하다'가 결합한 동사가 아니므로 '좋아하다' 앞에 '안'을 써야 한다. '좋아하다' is a verb, but it is not a combination of a noun and '하다'. Therefore, '안' should be written before '좋아하다'.

A: 쇼핑을 좋아해요?
B: 아니요, 안 좋아해요.

2과 얼마예요? How much is it?

1. N도 p. 101

- '도'는 명사와 함께 쓰여 어떤 것이 다른 것과 마찬가지임을 나타낸다. '도' is used to indicate something is the same as or similar to another.

저는 학생이에요. 양양 씨도 학생이에요.
사과가 맛있어요. 귤도 맛있어요.

A: 저는 커피를 좋아해요. 유카 씨도 커피를 좋아해요?
B: 네, 저도 커피를 좋아해요.

- 조사 '이/가', '은/는', '을/를'과 함께 쓸 수 없다. The particles '이/가', '은/는', '을/를' cannot be used with '도'.

저는 학생이에요. 양양 씨는도 학생이에요. (×)
→ 양양 씨**도** 학생이에요. (○)

저는 불고기를 좋아해요. 비빔밥을도 좋아해요. (×)
→ 비빔밥**도** 좋아해요. (○)

- 조사 '에', '에서'와는 함께 쓸 수 있다. The particles '에', '에서' can be used with '도'.

양양 씨는 도서관에서 공부해요. 그리고 집**에서도** 공부해요.

2. 수 2 (일, 십, 백, 천, …)   p. 102

- 가격을 이야기할 때는 다음 숫자 체계를 사용한다.
When talking about prices, use the following number system.

1	일	11	십일	30	삼십
2	이	12	십이	40	사십
3	삼	13	십삼	50	오십
4	사	14	십사	60	육십
5	오	15	십오	70	칠십
6	육	16	십육	80	팔십
7	칠	17	십칠	90	구십
8	팔	18	십팔	100	백
9	구	19	십구	1,000	천
10	십	20	이십	10,000	만
				100,000	십만
				1,000,000	백만

- 한국의 통화 단위는 '원'이다. The monetary unit of Korea is '원'.

- 한국의 돈 Korean Currency

십 원	오십 원	백 원	오백 원
천 원		오천 원	

이 비누는 **구백** 원이에요.
그 포도는 **팔천** 원이에요.

A: 이 가방은 얼마예요?
B: **삼만 오천** 원이에요.

8단원 | 시간과 날짜 Time and Date

1과 지금 몇 시예요? What time is it now?

1. N에   p. 109

- '에'는 시간 명사의 뒤에 붙어 어떤 행동이나 사건이 일어난 때를 나타낼 때 사용한다. 시간, 날짜, 요일, 특정한 날과 함께 쓸 수 있다. '에' is attached to the end of a time noun and it indicates when an action or event occurred. It can be used with a time, a date, a day of the week, or a specific day.

저는 8시 30분**에** 학교에 와요.
토요일**에** 친구를 만나요.
생일**에** 파티를 해요.

A: 언제 일본에 가요?
B: 일요일**에** 가요.

- '어제, 오늘, 내일, 지금, 언제' 다음에는 '에'를 쓰지 않는다. '에' is not written after '어제, 오늘, 내일, 지금, 언제'.

지금에 밥을 먹어요. (×) → 지금 밥을 먹어요. (○)

- '는'이나 '도'와 결합하여 '에는', '에도'와 같이 사용할 수 있다. '는' or '도' can be combined with '에' to form '에는' or '에도'.

A: 월요일**에** 뭐 해요?
B: 태권도를 배워요.

A: 화요일**에도** 태권도를 배워요?
B: 아니요, 화요일**에는** 태권도를 안 배워요.

- 하루 24시간을 다음과 같이 나눠서 말할 수 있다. You can refer to times throughout a day in the following ways.

AM = 오전
PM = 오후

아침**에** 회사에 가요.
오후 4시**에** 커피를 마셔요.
금요일 밤**에** 친구하고 영화를 봐요.

2. V-고
p. 110

- '-고'는 동사와 결합하여 두 가지 사건을 그 시간적 선후 관계에 따라 순차적으로 나열할 때 사용한다. '-고' is used in conjunction with verbs to connect two events in chronological order.

케빈 씨는 운동하**고** 샤워해요.
저는 아침에 밥을 먹**고** 학교에 가요.

- '-고' 앞에는 '-았/었-'과 같은 시제 표현을 쓰지 않는다. In this context, the past tense form '-았/었-' is not in conjunction with '-고'.

A: 어제 저녁에 뭐 했어요?
B: 집에서 책을 읽**고** 잤어요. (O)
　집에서 책을 읽었고 잤어요. (X)

2과 시험이 며칠이에요? Which day is the test on?

1. N부터 N까지
p. 115

- 'N부터'는 어떤 동작이나 상태의 시작 시점을 나타내고, 'N까지'는 동작이나 상태가 끝나는 시점을 나타낸다. 각각 단독으로 사용할 수 있다. 'N부터' indicates the start time of an action or condition, while 'N까지' indicates the end time of an action or condition. Each can be used independently.

6시 반**부터** 9시 반**까지** 한국어를 배워요.
월요일**부터** 금요일**까지** 회사에서 일해요.

A: 언제**까지** 방학이에요?
B: 2월 10일**부터** 2월 24일**까지** 방학이에요.

- 어떤 범위의 시작과 끝을 나타낼 때도 사용한다. It is also used to indicate the beginning and end of a range or limit.

1과**부터** 6과**까지** 공부했어요.

2. A/V-았어요/었어요
p. 116

- 동사나 형용사와 결합하여 과거에 일어난 일을 나타낼 때 사용한다. '-았어요/었어요' is used in conjunction with verbs or adjectives to indicate past events.

ㅏ, ㅗ + -았어요	만나타 + -았어요 → 만났어요 보타 + -았어요 → 봤어요 좋타 + -았어요 → 좋았어요
하다 → 했어요	공부하타 → 공부했어요 따뜻하타 → 따뜻했어요
In other cases + -었어요	먹타 + 었어요 → 먹었어요 마시타 + 었어요 → 마셨어요 재미있타 + 었어요 → 재미있었어요

어제 영화를 **봤어요**. 그 영화가 재미있**었어요**.
주말에 도서관에서 공부**했어요**.

A: 어제 뭐 **했어요**?
B: 집에서 책을 읽**었어요**.

- 'N이에요/예요'의 과거는 'N이었어요/였어요'로 쓴다. The past tense of 'N이에요/예요' is 'N이었어요/였어요'.

저는 의사**였어요**.
어제는 금요일**이었어요**.

3. ㄷ 불규칙

- 어간이 'ㄷ' 받침으로 끝나는 동사 중 일부는 모음으로 시작하는 어미와 결합할 때 받침 'ㄷ'이 'ㄹ'로 바뀐다. When some verbs stems ending in the final consonant 'ㄷ' are following by a vowel, 'ㄷ' changes into 'ㄹ'.

듣타 + -아요 / 어요	들 + -어요 → 들어요

	듣다	걷다	묻다
-고	듣고	걷고	묻고
-아요/어요	들어요	걸어요	물어요
-았어요/었어요	들었어요	걸었어요	물었어요
-(으)세요	들으세요	걸으세요	물으세요

어제 음악을 **들었어요**.
매일 공원에서 **걸어요**.

저는 K-POP을 자주 **들어요**.
선생님의 이야기를 **들으세요**.

A: 주말에 뭐 했어요?
B: 주말에 공원에서 **걸었어요**.

• 'ㄷ' 받침이 있는 동사 중 불규칙 활용을 하지 않는 것도 있다. 이런 동사로는 '닫다', '받다' 등이 있다. Some verbs that end with the consonant 'ㄷ' do not follow the irregular verb rule. These verbs include words such as '닫다' and '받다'.

창문을 닫으세요.
생일에 선물을 받았어요.

9단원 │ 날씨와 생활 Weather and Life

1과 오늘 날씨가 추워요 It's cold today

1. ㅂ 불규칙

• 어간이 'ㅂ' 받침으로 끝나는 형용사 중 '덥다, 춥다, 어렵다, 쉽다, 무겁다, 가볍다, 맵다, 귀엽다' 등은 모음으로 시작하는 어미와 결합할 때 받침 'ㅂ'이 '우'로 바뀐다. When some adjectives stems ending in the final consonant 'ㅂ' are followed by an ending that begins with a vowel, the 'ㅂ' is replaced with '우'.

덥다 + −아요/어요	더우 + −어요 → 더워요
덥다 + −았어요/었어요	더우 + −었어요 → 더웠어요

	−아요/어요	−았어요/었어요	−고
덥다	더워요	더웠어요	덥고
춥다	추워요	추웠어요	춥고
어렵다	어려워요	어려웠어요	어렵고
쉽다	쉬워요	쉬웠어요	쉽고
무겁다	무거워요	무거웠어요	무겁고
가볍다	가벼워요	가벼웠어요	가볍고
맵다	매워요	매웠어요	맵고
귀엽다	귀여워요	귀여웠어요	귀엽고

김치가 매**워요**.
아기가 귀여**워요**.

A: 한국어 시험이 어려**웠어요**?
B: 네, 좀 어려**웠어요**.

• 'ㅂ' 받침으로 끝나는 형용사나 동사 중에서 '좁다, 입다' 등은 불규칙 활용을 하지 않는다. Some verbs that end with the consonant 'ㅂ' do not follow the irregular verb rule. These verbs include words such as '좁다' and '입다'.

제 방은 아주 좁아요.
다쿠야 씨는 바지를 입었어요.

2. V−(으)ㄹ까요?
p. 124

• '−(으)ㄹ까요?'는 동사와 결합하여 상대방에게 어떤 일을 제안하며 의견이나 생각을 물어볼 때 사용한다. '−(으)ㄹ까요?' is used in conjunction with verb to suggest something and ask for someone's opinions or thoughts.

받침 × + −ㄹ까요?	보다 + −ㄹ까요? → 볼까요?
받침 ○ + −을까요?	먹다 + −을까요? → 먹을까요?

A: 우리 같이 점심을 먹**을까요**?
B: 네, 좋아요.

A: 우리 내일 영화를 **볼까요**?
B: 미안해요, 내일은 시간이 없어요.

A: 주말에 뭐 **할까요**?
B: 쇼핑을 해요.

• 문장의 의미상 주어는 '우리'이다. The implied subject of the sentence is '우리'.

A: (우리) 몇 시에 만**날까요**?
B: (우리) 두 시에 만나요.

• '−(으)ㄹ까요?'로 묻는 질문에는 보통 '−아요/어요'를 사용하여 대답하는데, 이때의 '−아요/어요'는 청유의 의미를 나타낸다. Usually answer a '−(으)ㄹ까요?' question with '−아요/어요'. In this case, '−아요/어요' is used to express a request.

A: 내일 어디에 **갈까요**?
B: 도서관에 가요.

- 격식적인 상황에서는 '-(으)ㄹ까요?'에 대한 대답으로 '-(으)ㅂ시다'를 사용한다. 단, '-(으)ㅂ시다'는 윗사람에게 말할 때는 사용할 수 없다. In formal situations, answer a '-(으)ㄹ까요?' question by using '-(으)ㅂ시다'. An exception to the rule is that '-(으)ㅂ시다' should not be used to respond to someone who is older or of a higher social status.

A: 몇 시에 만날**까요**?
B: 5시에 만**납시다**.

2과 어디에 있어요? Where is it?

1. N에 있다/없다
p. 129

- 명사와 결합하여 사람이나 물건이 존재하거나 위치하는 곳을 나타낼 때 사용한다. 그곳에 주어로 오는 사람이나 물건이 존재하는 경우에는 '있다'를 쓰고 존재하지 않는 경우에는 '없다'를 쓴다. 'N에 있다' indicates where a person or object exists or is located in conjunction with a noun. If there is a person or object, which is the subject of the sentence, then use '있다'. If it does not exist, then use '없다'.

- '앞, 뒤, 위, 아래/밑, 옆, 밖, 안'과 같은 위치 명사와 결합하여 사용할 수 있다. 'N에 있다/없다' may be used in conjunction with position nouns such as '앞, 뒤, 위, 아래/밑, 옆, 밖, 안'.

유카 씨는 도서관**에** 있어요.
지갑이 책상 위**에** 있어요.

A: 양양 씨가 집**에** 있어요?
B: 아니요, 집**에** 없어요. 학교**에** 있어요.

- 'N에'가 주어 앞으로도 올 수 있다. 'N에' can come before the subject of the sentence as well.

우유가 냉장고**에** 있어요. = 냉장고**에** 우유가 **있어요**.

- 현재 대화의 화제가 되는 장소 또는 앞에서 이미 언급되어 청자가 알고 있는 장소를 다시 이야기하는 경우에

는 '에는'을 사용하는 것이 자연스럽다. 이때의 '에는'은 그 장소를 구체적으로 강조하는 의미가 있다. It is natural to use the word '에는' when talking again about a place that is the topic of conversation or is already mentioned earlier and is known by the listener. In this case, '에는' puts more emphasis on the place being discussed.

여기가 제 방이에요. 제 방**에는** 침대와 옷장이 **있어요**.

- 구어에서 '여기', '거기', '저기', '어디'와 함께 쓰일 때는 '에'를 생략하는 경우가 많다. When speaking, '에' does not have to be used with the words '여기', '거기', '저기', '어디'.

집이 어디**에** 있어요? = 집이 어디 **있어요**?
가방이 저기**에** 있어요. = 가방이 저기 **있어요**.

2. N(으)로
p. 130

- '(으)로'는 명사와 결합하여 이동의 방향이나 목적지를 나타낼 때 사용한다. '(으)로' is used in conjunction with a noun to indicate the destination or direction of movement.

받침 × + 로	뒤 + 로 → 뒤로
ㄹ 받침 + 로	독일 + 로 → 독일로
받침 ○ + 으로	앞 + 으로 → 앞으로

앞으로 쭉 가세요.
병원 뒤**로** 오세요.

A: 지금 집**으로** 가요?
B: 아니요, 회사**로** 가요.

- 받침이 'ㄹ'로 끝나는 경우에는 '로'를 쓴다. Words that have an ending consonant of 'ㄹ', use '로'.

교실**로** 가세요.

A: 이 비행기는 미국**으로** 가요?
B: 아니요, 브라질**로** 가요.

1단원 | 한글 I Hangeul I

1과 한글 배우기 (1)

| 모음 글자 1 |

연습 3   1) 아 2) 우 3) 어 4) 이   Track 02

| 자음 글자 1 |

연습 3   1) 라 2) 다 3) 마 4) 사   Track 05

| 종합 연습 |

연습 1   1) 오 2) 히 3) 아이 4) 아우   Track 07
5) 부모 6) 너무

연습 2   1) 구두 2) 가수 3) 허리   Track 08
4) 아버지 5) 어머니 6) 라디오

연습 3   이, 러, 소, 아우, 구두, 가수,   Track 09
부모, 모자, 허리, 너무,
나이, 나비

2과 한글 배우기 (2)

| 모음 글자 2 |
                                          Track 11
연습 3   1) 야 2) 유 3) 여 4) 예

| 자음 글자 2 |
                                          Track 14
연습 3   1) 카 2) 따 3) 파 4) 짜

| 종합 연습 |
                                          Track 16
연습 1   1) 요 2) 서 3) 코
4) 자 5) 티 6) 뼈
                                          Track 17
연습 2   1) 요리 2) 개미 3) 포도
4) 카드 5) 부리 6) 꼬리
7) 타다 8) 짜다
                                          Track 18
연습 3   1) 여자 2) 개구리 3) 토끼
4) 기차표 5) 찌개 6) 코끼리

2단원 | 한글 II Hangeul II

1과 한글 배우기 (3)

| 모음 글자 3 |

연습 3   1) 와 2) 의 3) 위 4) 웨   Track 20

| 받침 글자 |

연습 3   1) 암 2) 앝 3) 앞 4) 악   Track 23

| 종합 연습 |

연습 1   1) 워 2) 의 3) 애   Track 25
4) 위 5) 와

연습 2   1) 방 2) 숲 3) 곧   Track 26
4) 시장 5) 얼마 6) 사람

연습 3   1) 사과 2) 의자 3) 샤워   Track 27
4) 신문 5) 김치 6) 한글

3단원 | 소개 Introductions

1과 저는 미국 사람이에요

듣기 1   Track 37

1) 남자   안녕히 가세요.
   여자   안녕히 계세요.

2) 남자   안녕하세요? 저는 다쿠야예요.
          저는 일본 사람이에요. 만나서 반가워요.

듣기 2   Track 38

남자   안녕하세요? 저는 호세예요.
여자   안녕하세요? 호세 씨.
남자   이름이 뭐예요?
여자   저는 수지예요.
남자   아, 수지 씨. 어느 나라 사람이에요?
여자   저는 미국에서 왔어요.
       호세 씨는 어느 나라 사람이에요?

남자 저는 브라질 사람이에요.
여자 만나서 반가워요.

2과 팅팅 씨는 학생이에요?

듣기 1 Track 42

1) 남자 에밀리 씨는 군인이에요?
   여자 네, 저는 군인이에요.

2) 여자 기욤 씨는 기자예요?
   남자 아니요, 저는 기자가 아니에요.
   요리사예요.

듣기 2 Track 43

여자 1 케빈 씨, 이쪽은 지우 씨예요.
지우 씨, 이쪽은 케빈 씨예요.
남자 만나서 반가워요. 저는 케빈이에요.
여자 2 반가워요. 저는 지우예요.
남자 지우 씨는 중국 사람이에요?
여자 2 아니요. 저는 중국 사람이 아니에요.
한국 사람이에요.
남자 아, 그래요? 지우 씨는 학생이에요?
여자 2 아니요, 학생이 아니에요. 회사원이에요.

4단원 | 물건 Items and Objects

1과 이거는 뭐예요?

듣기 1 Track 47

1) 남자 이거는 뭐예요?
   여자 그거는 볼펜이에요.

2) 남자 저거는 뭐예요?
   여자 저거는 시계예요.

3) 남자 그거는 책이에요?
   여자 아니요, 이거는 공책이에요.

듣기 2 Track 48

여자 민준 씨, 이거는 공책이에요?
남자 아니요, 그거는 공책이 아니에요. 책이에요.
여자 민준 씨의 책이에요?

남자 아니요, 올리버 씨의 책이에요.
여자 이거는 민준 씨의 필통이에요?
남자 아니요, 양양 씨의 필통이에요.
여자 이거는 누구의 가방이에요?
남자 그거는 제 가방이에요.

2과 휴지가 있어요?

듣기 1 Track 52

1) 여자 우산이 있어요?
   남자 네, 있어요.

2) 남자 연필이 있어요?
   여자 아니요, 없어요.

3) 여자 지우개가 있어요?
   남자 네, 여기 있어요.

4) 남자 시계가 있어요?
   여자 아니요, 없어요.

듣기 2 Track 53

여자 기욤 씨, 이 카메라는 기욤 씨 카메라예요?
남자 네, 제 카메라예요. 유카 씨는 카메라가 있어요?
여자 아니요, 없어요.
남자 그거는 뭐예요?
여자 이거는 제 노트북이에요.
남자 유카 씨, 저 지갑은 누구 지갑이에요?
여자 아, 저거는 제 지갑이에요.

5단원 | 음식과 주문 Food and Ordering

1과 오렌지 주스 주세요

듣기 1 Track 57

1) 남자 뭐 드릴까요?
   여자 아이스커피 하나 주세요.

2) 여자 뭐 드릴까요?
   남자 샌드위치 둘 주세요.

3) 남자 뭐 드릴까요?
   여자 아이스커피 둘 주세요.

4) 여자 뭐 드릴까요?
　　남자 샌드위치 셋 주세요.

듣기 2　　　　　　　　　　　　　　　　　　Track 58

여자 뭐 드릴까요?
남자 아메리카노 둘 주세요
여자 네, 잠깐만 기다리세요.
남자 빵이 있어요?
여자 네, 있어요.
남자 그럼 빵 하나 주세요.

2과　비빔밥하고 콜라 한 병 주세요

듣기 1　　　　　　　　　　　　　　　　　　Track 62

1) 남자 뭐 드릴까요?
　　여자 불고기하고 비빔밥 주세요.

2) 남자 어서 오세요. 뭐 드릴까요?
　　여자 떡볶이하고 김밥 하나 주세요.

3) 남자 여기 앉으세요. 뭐 드릴까요?
　　여자 라면 한 그릇하고 냉면 한 그릇 주세요.

듣기 2　　　　　　　　　　　　　　　　　　Track 63

남자 1 어서 오세요. 두 분이세요?
여자 　네, 두 명이에요.
남자 1 여기 앉으세요.
여자 　메뉴 좀 주세요.
남자 1 네, 여기 있어요. 뭐 드릴까요?
남자 2 햄버거 하나하고 콜라 한 잔 주세요.
여자 　저는 스파게티 하나 주세요.
남자 1 네, 잠깐만 기다리세요.
　　　…
남자 2 여기요, 콜라 한 잔 더 주세요.
남자1 네, 여기 있어요.

6단원 │ **일상생활** Daily Life

1과　지금 뭐 해요?

듣기 1　　　　　　　　　　　　　　　　　　Track 67

1) 여자 지금 뭐 해요?
　　남자 일해요.

2) 여자 지금 뭐 해요?
　　남자 책을 읽어요.

3) 여자 오늘 뭐 해요?
　　남자 영화를 봐요.

4) 여자 오늘 뭐 해요?
　　남자 한국어를 배워요.

듣기 2　　　　　　　　　　　　　　　　　　Track 68

여자 다쿠야 씨, 지금 뭐 해요?
남자 운동해요. 로렌 씨는 지금 뭐 해요?
여자 남자 친구하고 밥을 먹어요.
남자 뭘 먹어요?
여자 남자 친구는 비빔밥을 먹어요.
　　 그리고 저는 불고기를 먹어요.

2과　어디에 가요?

듣기 1　　　　　　　　　　　　　　　　　　Track 72

1) 남자 어디에 가요?
　　여자 화장실에 가요.

2) 남자 어디에 가요?
　　여자 대사관에 가요.

3) 남자 어디에 가요?
　　여자 병원에 가요.

4) 남자 어디에 가요?
　　여자 시장에 가요.

듣기 2　　　　　　　　　　　　　　　　　　Track 73

여자 올리버 씨, 어디에 가요?
남자 도서관에 가요.
여자 도서관에서 책을 읽어요?
남자 네, 책을 읽어요. 그리고 숙제를 해요.
　　 안나 씨는 오늘 뭐 해요?
여자 저는 오늘 커피숍에 가요.
　　 커피숍에서 친구를 만나요.

7단원 | 쇼핑 Shopping

1과 뭐가 맛있어요?

듣기 1 Track 77

1) 여자 이 옷이 비싸요?
   남자 네, 비싸요.

2) 여자 이 샌드위치가 맛있어요?
   남자 아니요, 맛없어요.

3) 여자 이 책이 재미있어요?
   남자 네, 재미있어요.

4) 여자 이 길이 복잡해요?
   남자 아니요, 안 복잡해요.

듣기 2 Track 78

남자 에밀리 씨, 오늘 학교에 가요?
여자 아니요, 안 가요.
남자 그럼 뭐 해요?
여자 백화점에 가요.
남자 백화점에서 옷을 사요?
여자 아니요, 모자를 사요.
   그리고 커피숍에서 친구를 만나요.

2과 얼마예요?

듣기 1 Track 82

1) 남자 이 빵 얼마예요?
   여자 천오백 원이에요.

2) 여자 이 옷은 얼마예요?
   남자 구만 원이에요.

3) 남자 이 공책은 얼마예요?
   여자 이천오백 원이에요.

4) 여자 이 시계는 얼마예요?
   남자 만 구천 원이에요.

듣기 2 Track 83

남자 어서 오세요.
여자 아저씨, 오렌지 얼마예요?
남자 여섯 개에 오천 원이에요.

여자 사과는 얼마예요?
남자 세 개에 이천 원이에요. 아주 맛있어요.
여자 그래요? 그럼 오렌지 여섯 개 주세요.
   그리고 사과도 세 개 주세요.
남자 네, 모두 칠천 원이에요. 고맙습니다.

8단원 | 시간과 날짜 Time and Date

1과 지금 몇 시예요?

듣기 1 Track 87

1) 남자 지금 몇 시예요?
   여자 아홉 시 십 분이에요.

2) 여자 지금 몇 시예요?
   남자 다섯 시 사십오 분이에요.

3) 남자 보통 몇 시에 자요?
   여자 열한 시 이십 분에 자요.

4) 여자 몇 시에 밥을 먹어요?
   남자 열두 시 반에 먹어요.

듣기 2 Track 88

남자 저는 월요일과 목요일에 한국어를 배워요. 아주
   재미있어요. 화요일과 금요일에는 운동을 해요.
   수요일에는 집에서 쉬어요. 책도 읽어요. 주말에
   는 청소하고 친구를 만나요.

2과 시험이 며칠이에요?

듣기 1 Track 92

1) 남자 오늘이 며칠이에요?
   여자 시월 십육 일이에요.

2) 여자 생일이 언제예요?
   남자 십일월 팔 일이에요.

3) 남자 시험이 언제예요?
   여자 사월 삼십 일이에요.

4) 여자 방학이 며칠부터예요?
   남자 유월 이십오 일부터예요.

듣기 2

남자 유카 씨, 어제 뭐 했어요?
여자 집에서 음악을 들었어요. 기요 씨는요?
남자 저는 어제 쇼핑했어요.
　　　지금 강남백화점에서 세일을 해요.
여자 그래요? 세일이 언제까지예요?
남자 세일은 십이월 이십 일부터
　　　십이월 이십팔 일까지예요.
여자 이 옷도 거기에서 샀어요?
남자 네, 거기에서 샀어요. 아주 싸요.
　　　그리고 따뜻해요.

9단원 | 날씨와 생활 Weather and Life

1과 오늘 날씨가 추워요

듣기 1
Track 97

1) 여자 날씨가 흐려요?
　　남자 네, 흐려요.

2) 여자 지금 비가 와요?
　　남자 아니요, 맑아요.

3) 남자 날씨가 어때요?
　　여자 비가 와요.

4) 여자 오늘 날씨가 어때요?
　　남자 추워요. 그리고 눈이 와요.

듣기 2
Track 98

여자 다쿠야 씨, 토요일에 시간이 있어요?
남자 네, 있어요.
여자 그럼 우리 같이 산에 갈까요?
남자 음… 요즘 날씨가 너무 더워요.
여자 그럼 수영장에 갈까요?
남자 좋아요. 몇 시에 만날까요?
여자 두 시에 만나요.
　　　수영을 하고 같이 저녁을 먹어요.
남자 네, 좋아요. 그럼 토요일 두 시에 만나요.

2과 어디에 있어요?

듣기 1
Track 102

1) 남자 휴대폰이 어디에 있어요?
　　여자 침대 위에 있어요.

2) 남자 사과가 어디에 있어요?
　　여자 냉장고 안에 있어요.

3) 여자 모자가 옷장 안에 있어요?
　　남자 아니요, 문 옆에 있어요.

4) 여자 공책이 책상 위에 있어요?
　　남자 아니요, 의자 아래에 있어요.

듣기 2
Track 103

여자 1 영화가 몇 시에 시작해요?
남자 　영화는 일곱 시 삼십 분에 시작해요.
여자 1 지금은 몇 시예요?
남자 　지금 여섯 시예요. 그럼 우리 커피를 마실까요?
여자1 네, 커피를 마셔요.
　　　그런데 커피숍이 어디에 있어요?
남자 　저도 잘 몰라요. 아, 저기 실례합니다.
여자 2 네?
남자 　이 근처에 커피숍이 있어요?
여자 2 커피숍요? 네, 있어요. 오른쪽으로 쭉 가세요.
　　　그럼 왼쪽에 병원이 있어요.
　　　그 병원 옆에 커피숍이 있어요.
여자 1, 아, 네. 고맙습니다.
남자

어휘 색인 Glossary

책임 연구원 Senior Researcher

장은아　고려대학교 교육학과 박사
Jang Euna　Ph.D. in Education Evaluation, Korea University

서울대학교 언어교육원 한국어교육센터 대우조교수
Seoul National University, LEI Assistant Professor

공동 연구원 Co-researcher

김민애　서울대학교 국어교육과 박사 수료
Kim Min Ae　Ph.D. Candidate in Korean Language Education, Seoul National University

서울대학교 언어교육원 한국어교육센터 대우부교수
Seoul National University, LEI Associate Professor

이정화　이화여자대학교 국어국문학과 박사
Lee Jeonghwa　Ph.D. in Korean Language and Literature, Ewha Womans University

서울대학교 언어교육원 한국어교육센터 대우조교수
Seoul National University, LEI Assistant Professor

집필진 Authors

송지현　이화여자대학교 한국학과 한국어교육전공 석사
Song Gihyun　M.A. in Teaching Korean as a Foreign Language, Ewha Womans University
서울대학교 언어교육원 한국어교육센터 대우전임강사
Seoul National University, LEI Full-time Instructor

민유미　이화여자대학교 한국학과 한국어교육전공 박사과정 수료
Min Youmi　Ph.D. Candidate in Teaching Korean as a Foreign Language,
Graduate School of International Studies, Ewha Womans University
서울대학교 언어교육원 한국어교육센터 강사
Seoul National University, LEI Instructor

신범숙　서울대학교 국어교육과 한국어교육전공 박사과정 수료
Shin Beomsuk　Ph.D. Candidate in Korean Language Education, Seoul National University
서울대학교 언어교육원 한국어교육센터 강사
Seoul National University, LEI Instructor

번역 Translator

빌리 스트루블　중앙대학교 국제지역학과 석사
Billy Struble　M.A. in International Studies, Chung-Ang University

중앙대학교 교양대학 조교수
Chung-Ang University, College of General Education,
Assistant Professor of English

감수 Supervisor

이소영　이화여자대학교 교육공학과 박사
Lee So Young　Ph.D in Educational Technology, Ewha Womans University

서울대학교 언어교육원 한국어교육센터 대우전임강사
Seoul National University, LEI Full-time Instructor

도와주신 분들 Contributing Staff

일러스트 Illustration　윈일러스트 WINILLUSTRATIONS
녹음 Recording　미디어리더 Media Leader

사랑해요 한국어 1 Student's Book

I Love Korean 1 Student's Book

초판 1쇄 발행   2019년 1월 30일
초판 11쇄 발행   2024년 7월 31일

지은이   서울대학교 언어교육원

펴낸곳   서울대학교출판문화원
주소   08826 서울 관악구 관악로 1
도서주문   02-889-4424, 02-880-7995
홈페이지   www.snupress.com
페이스북   @snupress1947
인스타그램   @snupress
이메일   snubook@snu.ac.kr
출판등록   제15-3호

ISBN 978-89-521-2874-4 04710
     978-89-521-2873-7 (세트)

Written by Language Education Institute, Seoul National University
Published by Seoul National University Press

The MP3 audio files can be accessed and downloaded through
the SNU Language Education Institute website http://lei.snu.
ac.kr/klec, SNU Press website http://www.snupress.com, and
the QR code on the right.